空海大師

高僧傳

即身成佛

編撰——釋宏濤

【編撰者簡介】

釋宏濤

宏濤法師，字景雲，山東省泰安市人，一九八三年出生，俗名洪濤。二十歲時於陝西省西安市終南山嚴福寺披薙出家，二十三歲於印尼茂物市普門寺求受具戒。曾參學於陝西省法門寺佛學院、美國法雲寺禪學院、西安大興善寺、日本高野山蓮華定院。中國人民大學哲學院佛教學專業在職研究生結業；陝西省法門寺佛學院研究生畢業，專業方向為唯識學及《瑜伽師地論》研究。日本高野山大學密教學專攻修士課程修了，獲密教學修士學位。現為高野山大學大學院文學研究科博士在讀。曾任陝西省法門寺佛學院副教務長，現任陝西省西安市大興善寺副監院。

獲得之榮譽包括：陝西省第一屆漢傳佛教講經交流會一等獎、二〇一一年中國漢傳佛教講經交流會金蓮花一等獎。

【「高僧傳」系列編輯序】

令眾生生歡喜者，則令一切如來歡喜

「為佛教，為眾生」六個字，乃是印順法師於臺北市龍江街慧日講堂（後因大門遷移，地址遷至朱崙街）為證嚴法師授予三皈依、並賜法名時的殷殷叮囑：「既然出家了，你要時時刻刻為佛教、為眾生。」

依證嚴法師解釋：「為佛教」是內修清淨行，「為眾生」則要挑起如來家業，走入人群救度眾生。因此法師稟承師訓，一心一志「為佛教還原教義，為眾生點亮心燈」，而開展慈濟眾生的志業。

歷代高僧之「為佛教、為眾生」

證嚴法師開創「靜思法脈，慈濟宗門」，並將其與「為佛教，為眾生」合釋：「靜思法脈」乃「為佛教」，是智慧；「慈濟宗門」即「為眾生」，是大愛。

進而言之，「靜思法脈，慈濟宗門」即菩薩道所強調的「悲智雙運」：「靜思法脈」是「智」，「慈濟宗門」是「悲」；傳承法脈、弘揚宗門就要「悲智雙運」，積極在人間發揮慈、悲、喜、捨四無量心。此亦即慈濟人開展四大志業、八大法印時的根本心要。

由其強調「悲智雙運」可知，「靜思法脈，慈濟宗門」並非標新立異，而是傳承佛陀教法以及漢傳佛教歷代高僧的教誨——包括身教與言教，並要求身心皆徹底踐履。為了讓世人明瞭慈濟宗門之初心與悲願，也讓這些歷代高僧的事蹟與精神更廣為人知，大愛電視臺秉持證嚴法師的信念，於二〇〇三年起陸續製作《鑑真大和尚》與《印順導師傳》動畫電影，將佛教史上高僧大德的動人故事，經由動畫電影的形式，傳遞到全世界。

因為電影的成功，大愛電視臺進一步籌畫更詳盡的電視版〈高僧傳〉——採取臺灣民眾雅俗共賞的歌仔戲形式。〈高僧傳〉的每一部劇本都是經過數個月的資料研讀與整理，縝密思考後才下筆，句句考證、字字斟酌。製作團隊感受到每一位大師皆以身作則、行菩薩道的特質，希望將每位高僧的大願與大行傳遍世界。

然而，不論是動畫或戲劇，恐難完整呈現《高僧傳》中所載之生命歷程，以及諸位高僧與祖師之思想以及對後世之貢獻。因此，慈濟人文志業中心便就〈高僧傳〉歌仔戲所演繹過的高僧，以《高僧傳》及《續高僧傳》之原著為基礎，含括了日、韓等國之佛教史上的知名高僧，編撰「高僧傳」系列叢書。我們不採取坊間已有之小說體形式，而是嚴謹地參照人物評傳的現代寫法，參酌相關之史著及評論，對其事蹟有所探討與省思，並將其社會背景、思想及影響皆納入，雜揉編撰，內容包括高僧的生平、傳承及主要思想或重要經典簡介。從中，我們不僅可以讀到歷代高僧的智慧與悲心，亦可一覽相關的佛教史地、典籍與思想。

在編輯過程中，我們可以看到歷代高僧之「為佛教，為眾生」：鳩摩羅什飽受戰亂、顛沛流離，仍戮力譯經，得令後人傳誦不絕，乃是為利益眾生；玄奘歷萬里之險取得梵本佛經、致力翻譯，其苦心孤詣，是為利益眾生；鑑真六次渡海欲至東瀛傳戒，眼盲亦不悔，是為利益眾生；六祖惠能隱居十五載以避害身之禍，只為弘揚如來心法，並言「佛法在世間，不離世間覺；離世求菩提，猶如覓兔角」，亦是為利益眾生……

這些高僧祖師大可獨善其身、如法修行以得解脫，為何要為法忘身、受諸逆境而不退？究其根本，他們不只是為了參究佛法，而是深知弘揚大乘佛法的目的乃在於大慈大悲地度化眾生、讓眾生能得安樂；若不能讓眾生同霑法益，求法何用？如《大智度論．卷二七》所云：

一切諸佛法中，慈悲為大；若無大慈大悲，便早入涅槃。

由此可知，就大乘精神而言，「為佛教」即應「為眾生」，實為一體之兩面。

「大悲」為「諸佛之祖母」

除了歷代高僧之示現，「為眾生」之菩薩道的實踐，於經教中更是多不勝數、歷歷可證。例如，《無量義經．德行品第一》便說明了菩薩作為眾生之大導師、大船師、大醫王之無量大悲：

無量大悲救苦眾生，是諸眾生真善知識，是諸眾生大良福田，是諸眾生不請之師，是諸眾生安隱樂處、救處、護處、大依止處。處處為眾作大導師，能為生盲而作眼目，聾劓啞者作耳鼻舌；諸根毀缺能令具足，顛狂荒亂作大正念。船師、大船師運載群生渡生死河，置涅槃岸；醫王、大醫王，分別病相曉了藥性，隨病授藥令眾樂服；調御、大調御，無諸放逸行，猶如象馬師，能調無不調；師子勇猛，威伏眾獸，難可沮壞。

如來於《法華經．觀世音菩薩普門品》中宣說，觀世音菩薩更以三十三種應化身度化眾生：

佛告無盡意菩薩：善男子，若有國土眾生，應以佛身得度者，觀世音菩薩即現佛身而為說法；應以辟支佛身得度者，即現辟支佛身而為說法；應以聲聞身得度者，即現聲聞身而為說法；應以梵王身得度者，即現梵王身而為說法；應以帝釋身得度者，即現帝釋身而為說法……應以天龍、夜叉、乾闥婆、阿修羅、迦樓羅、緊那羅、摩侯羅伽、人非人等身得度者，即皆現之而為說法；應以執金剛神得度者，即現執金剛神而為說法。無盡意，是觀世音菩薩成就如是功德，以種種形遊諸國土，度脫眾生，是故汝等應當一心供養觀世音菩薩。是觀世音菩薩摩訶薩，於怖畏急難之中能施無畏，是故此娑婆世界皆號之為施無畏者。

為何觀世音菩薩要聞聲救苦？因為菩薩總是「人傷我痛、人苦我悲」，恆以「利他」為念。如《大丈夫論》所云：

菩薩見他苦時，即是菩薩極苦；見他樂時，即是菩薩大樂。以是故，菩薩恆為利他。

正是因為這般順隨眾生、「以種種形」而令其無畏的無量悲心，讓觀世音菩薩受到漢傳佛教乃至於華人民間信仰的共同崇敬。慈濟人之所以超越貧富、超越國界、超越宗教地去關懷與膚慰需要幫助的生命，便是效法觀世音菩薩無量悲心、無量應化的精神。

在《法華經．普賢菩薩勸發品》中發願、將於佛滅後守護及教導受持《法華經》之眾生的普賢菩薩，於《華嚴經．普賢行願品》中則教導善財童子如何供養諸佛，亦揭示了如來、菩薩、眾生的關係：

> 於諸病苦，為作良醫；於失道者，示其正路；於闇夜中，為作光明；於貧窮者，令得伏藏。菩薩如是平等饒益一切眾生。何以故？菩薩若能隨順眾生，則為隨順供養諸佛；若於眾生，尊重承事，則為尊重承事如來；若令眾生生歡喜者，則令一切如來歡喜。何以故？諸佛如來，以大悲心而為體故。因於眾生，而起大悲；因於大悲，生菩提心；因菩提心，成等正覺。……若諸菩薩，以大悲水饒益眾生，則能成就阿耨多羅三藐三菩提故。是故菩提，屬於

眾生；若無眾生，一切菩薩終不能成無上正覺。善男子，汝於此義，應如是解。以於眾生心平等故，則能成就圓滿大悲；以大悲心隨眾生故，則能成就供養如來。

《大智度論．卷二〇》亦云，佛陀強調，大悲心乃是諸佛菩薩之根本，具大悲心方能得般若智慧，亦方能成佛：

大悲，是一切諸佛、菩薩功德之根本，是般若波羅蜜之母，諸佛之祖母。菩薩以大悲心，故得般若波羅蜜；得般若波羅蜜，故得作佛。

「菩薩若能隨順眾生，則為隨順供養諸佛；若於眾生，尊重承事，則為尊重承事如來；若令眾生生歡喜者，則令一切如來歡喜。」閱及此段，不禁令人深深體會證嚴法師之智慧與悲心：慈濟宗門四大、八印之聞聲救苦、無量應化地「為眾生」，也是同時「為佛教」地供養諸佛、令一切如來歡喜啊！

歷代高僧雖未如慈濟宗門般推動慈善、醫療、乃至於環保、國際賑災等志業，乃因其時空因素，欲度化眾生先以弘揚大乘經教與法義為重；現今經教已備，所須的乃是效法菩薩道之力行實踐！慈濟宗門便是上承歷代高僧與經論之教法，推動四大、八印，行菩薩道饒益眾生，以此供養如來。

換言之，歷代高僧之風範、智慧及悲願，為佛教，也為眾生，此即諸佛菩薩之本懷，亦為慈濟宗門之本懷！這便是《高僧傳》系列叢書所欲彰顯者。

遙企歷代高僧儼然身影，我們可以肯定：為眾生，便是為佛教；為佛教，一定要為眾生！

【推薦序一】

中国密教再興安堵すべし

——高野山真言宗 宗務總長 蓮華定院住職 添田隆昭

令和元年（2019）七月吉祥日

高野山大学に遠來の学徒あり。宏濤君これなり。中国にて途絶せし密教を再び興さんと槐市の門戸を叩けり。その本貫を糺せば　西安市　大興善寺住持寛旭老大師入室の弟子なり。寛旭老大師は　恵果　空海両大師邂逅の故地青龍寺を兼董し　密教の復興を企図し　高野山金剛峯寺座主中西啓寶猊下に膝歩す。幸いに伝法灌頂に入壇を許され　五智の瓶水に浴し　伝灯阿闍梨の職位に昇る。ここ青龍寺に　曼荼灌頂の法幢　高く翻り　三摩耶の戒香華夏に彌布す。

小衲　旭老大師より宏濤君を託され　改めて三帰十善を授け　景雲と名ずけ　蓮

華定院道場に四度加行の印明を授け　梵賛を教示す。景雲法師　能く提撕に従い　両部曼荼羅の灌頂壇に入る。
景雲法師　高野山大学修士課程修了の成果たる一の論文を小衲に奉提せり。空海弘法大師一代の伝記なり。拝読して　大師の生きた平安時代の空気　恰も　紙底より立ち上がるが如くにして　大師の動止　眼前たり。驚くべし法師の渉猟せし資料の和漢に亘り該博なるを。知るべし法師累年の刻苦勉励を。
今　此処に　法師の仏道修業の行裏を知り　法師の蛍雪の功虚しからざるを認む。寛旭老大師の後図　全しと言うべく　中国密教の再興に安堵することを得べし。期する処は法師　愈々の健勝と　縄錐の勤め　怠る事無きなり。

中國密教再興應大有望

（中譯：釋宏濤）

高野山大學遠來之學僧，有君名宏濤者，為興密教之絕學，而叩槐市之門戶。究其本貫，乃西安市大興善寺住持寬旭大和尚之入室弟子也。寬旭大和尚兼領惠果、空海兩大師邂逅之地青龍寺，為圖中國密教復興，膝步於高野山金剛峰寺座主中西啟寶座下。幸許入壇，得傳法灌頂，浴五智瓶水，升傳燈阿闍梨位。今於青龍寺，高樹曼荼灌頂之法幢，三摩耶戒香彌布華夏耳。

衲承寬旭大和尚所託，為宏濤君重授三歸十善，名曰景雲，於蓮華定院道場為授四度加行印明，教示梵贊。景雲法師善從提撕，得入兩部曼荼羅灌頂之壇。

景雲法師特呈高野山大學修士課程學修成果之文章，乃弘法大師空海一代傳記也。拜讀之下，不覺大師所處之平安時代躍然紙上；大師行止，如在目前。法師涉獵資料廣博，亙貫和漢，令人驚歎，更知其累年修學之勤苦耳。

今於茲可知法師佛道修行之深，而識法師螢雪之功不虛。應言寬旭大和尚之後圖可全，中國密教再興有望乎！惟期法師愈愈健勝，繩錐精勤，無有懈怠者也。

【推薦序二】

接續弘法大師之密宗法脈！

——釋寬旭（西安大興善寺方丈、青龍寺住持）

早在佛教大乘經典東傳初期，真言陀羅尼修行法門就已傳入中國。至唐開元年間，又有印度高僧金剛智、善無畏和不空先後來到長安，駐錫大興善寺翻譯佛經，建立灌頂道場，推動密法弘傳。由於三位高僧所譯佛典以密宗經典為主，加之著名天文學家一行阿闍梨等人的理論建構，促使漢傳佛教密宗形成。

青龍寺惠果和尚秉受不空三藏之金、胎兩部密法，進一步發揚「金胎不二」思想，其神通妙用，朝野皆知；衣缽之傳，遍及海外。西元八〇五年，日僧空海法師來至青龍寺，禮惠果和尚為師，「以兩部秘奧壇儀、印契，漢梵無差，悉受於心，猶如瀉瓶」，獲傳法阿闍梨位。惠果和尚深知密法之後的傳承因緣，遂命空海「早歸鄉國」、「流布密教」，並預言自己化緣將盡，願生生世世與空海互為師徒。

嗣後，空海法師攜大量密宗經論、儀軌、曼荼羅和修法器具返回東瀛，著書立說、高豎法幢，開創真言一宗，對日本佛教產生了深遠影響；亦使三國傳承，至今未絕。另據日本坊間傳聞，自空海回國一千二百年後，密法將於中國再興。

唐代盛行的密宗的確如惠果和尚所預感的那樣，在中國化佛教發展的歷史進程中逐漸式微。由唐以降，直至明清，期間一直有諸多密宗僧侶致力於弘揚密宗儀軌，密法也逐漸與禪、淨相融，根植在四眾弟子的日常修行當中，如早晚功課、水陸儀軌和焰口、蒙山等。雖然如此，仍難掩「金、胎二部」血脈難繼的頹勢。

上個世紀初，為復興中國密宗，在太虛大師號召下，相繼有大勇、持松和顯蔭等先賢赴日求法；但迫於時節因緣，其復興之宏願，惜未達理想。而今國運昌盛、邦交復平，恢復漢傳密宗千年前之風貌恰逢其時；我儕當繼先賢遺志，為密法復興之業戮力同心！

為使復興之業不落空談，這其中尚需更多努力；最重要的一個環節，自然是需要有人發心接續空海所繼承和流傳下來的密宗法脈。並且，對於弘法大師空海，吾人亦不可僅僅停滯在「血脈相繼」的感恩之情，必須要對大師之生涯和思想進行廣泛而深入的學習！

弘法大師作為日本真言宗開祖，同時也參與了日本平安時代的諸多重要歷史事件，為人類留下了寶貴的精神和文化財富，這使得近代以來對他的研究可謂汗牛充棟，其日語類傳記也為數眾多；相較之下，漢語類著作則鮮少有之，實為遺憾。如今，宏濤法師發心編寫弘法大師傳記，實乃一大功德事。

宏濤法師之《空海大師——即身成佛》一書，以第一手史料為基礎，博取諸多研究成果之精華而成；敘事準確，行文暢達，可謂文史兼顧，文質彬彬，算得上是一本佳作。拜讀之餘，不禁感歎弘法大師之高山仰止；吾輩唯有精進，方不負祖師所囑。是為序。

己亥蘭月，青龍寺寬旭題

【編撰者序】

發願效法空海菩薩、荷擔如來家業！

眾所周知，弘法大師空海是一位承傳了中國漢傳佛教密宗文化、開創了日本真言宗的佛教大師，同時他在文學、書法、教育、文字學、文學理論、佛教美術以及建築技藝諸領域亦卓有成就。若稱他為精通五明的「菩薩」，自然是當之無愧！

正如彌勒菩薩《瑜伽師地論》中所言，「五明處中，其內明處為最、為勝」，空海菩薩留給人類精神文明的最寶貴財富，則是佛教內學中的密宗教義和思想無疑。而他本人，亦正是因接觸密法而出家，因求學密法而入唐，因弘揚密法而開宗，因修行密法而涅槃。

據空海《三教指歸》的序文中所述，他從十五歲始隨舅父阿刀大足學習漢學，十八歲入大學，後因接觸「虛空藏求聞持法」而放棄仕途，入山修行，並得到了「谷不惜響、明星來影」的修行驗相。隨後，空海撰寫了可視為其出家宣言書的《聾鼓指歸》。由此來看，「虛空藏求聞持法」這一密教修行法門，是他立志脫塵的直接誘因。

又，據空海〈奉為四恩造二部大曼荼羅發願文〉中可知，出家之後的他，在浩瀚的佛學義海中探尋成佛之道，就在他「徑路未知」之時，因「精誠有感」，而得遇「秘門」。此「秘門」則是密宗兩部根本經典之一的《大日經》。為進一步深入「秘門」，更產生了入唐求法之志。

在經過了九死一生的入唐之行後，空海在青龍寺惠果阿闍梨處如願獲悉了以《大日經》和《金剛頂經》為根本的「金、胎」兩部密法。他在歸國後所寫的《御請來目錄》上表文中，非常自豪地講述自己已「學兩部之大法，習諸尊之瑜伽」；這兩部大法，正是他當初苦苦摸索的「諸佛之肝心，成佛之徑路」。

入唐求法的經歷，正是空海人生中最關鍵的轉捩點；所謂「虛往實歸」，他之後所將開啟的，是把中國密宗移植至日本本土的人生歷程。他在參與國是、關注民生之餘，不斷努力地攝受徒眾、著書立說，將密教思想進行體系化的整理、理論化的建設。在空海之密教思想逐漸穩固和成熟的過程中，真言宗這一密宗宗派也應運而生。其《即身成佛義》、《辨顯密二教論》、《十住心論》等多種密教專著中，不僅體現了空海自己所證悟的密乘境界，同時亦確立了真言宗的教學方式。可以說，流傳至今的真言宗之核心內容，仍是空海本人的密教思想。

目今，弘法大師空海於高野山示現「入定留身」已一千二百餘載；他曾與迦葉尊者發同樣大願，待彌勒菩薩龍華三會之時再來度眾。他的智慧力和悲願力，亦一直由真言宗的弟子們世代相傳。大師流傳於後世的精神財富，也正是他對中日兩國文明的貢獻。一方面是包括佛教等各個文化領域的建樹；另一方面，在於對大唐文化、尤其是唐代密宗法脈的傳承；而這兩點，亦使得他成為了構建中日文化交流梁津之重要人物。

正因為弘法大師所傳承的密宗法脈從未間斷，自民國初元至今，華人地區湧現出諸多效仿弘法大師渡海求法的仁人志士，或出於自身修學興趣使然，或出於僧伽荷擔如來家業的使命，紛至遝來日本真言宗各門派下學習大師教法，筆者亦忝為其中之一。既為大師之弟子，理應熟知大師之生涯，深入大師之思想。而我在編撰此傳記的過程中，更深知能力所不及，真實的空海依舊難以捕捉，其高深的思想境界仍是難以完整呈現，實為缺憾、慚愧。唯有發願：繼續效仿大師深入修學，以涅槃為上首，以聞思修三慧而成正覺。以期懺悔。

本書的編撰，是在慈濟傳播人文志業基金會出版部主編賴志銘博士和韓國東國大學郭磊副教授的誠邀、勸勉下完成的。筆者就讀高野山大學之時，指導教授乾仁志先生所開講的「空海思想入門」課程給我很多啟發。編撰之時，曾吸納了松長有慶、高木訷元、渡邊照宏、宮阪宥勝以及靜慈圓諸位先生的諸多研究成果。為讓讀者諸君更加流暢地閱讀空海的生涯和思想，未能逐一標明所引先行研究的出處，實為遺憾。

由於所搜集資料繁多，遇到不同研究觀點時，曾邀請來海法師和狄宣亞兩位同學一起商議、定奪。遠在關中的好友屈軍生，也給我很多文字上的修訂意見。恩師高野山真言宗宗務總長添田隆昭長老和長安青龍寺寬旭大和尚，在百忙中為本書題寫了推薦序，添田隆昭長老還給我提出了一些具體修改意見。在此一併謝忱。

己亥肇秋，宏濤誌於高野山八葉寮

【本書編輯序】

沒到過高野山的人，沒資格談日本文化！

——賴志銘

本書作者詳細地介紹了弘法大師空海的生平及對日本佛教的貢獻，小編我就從文化方面來談談空海大師吧！

上個世紀的九〇年代，臺灣冒出一個名詞叫「哈日族」，指的是一個對日本流行事物趨之若鶩的文化族群（據創出此一詞彙的「哈日杏子」說，「哈」字來自於臺語裡的「ha」——非常想要的意思）；發展至今，在某種程度上，「哈日」或可視為臺灣的「主流」文化了。

「哈日族」真的「哈日」？

舉凡「火影忍者」、「航海王」、「柯南」、「神奇寶貝」、「鋼彈」等熱門動漫，以及傑尼斯的「嵐」、「關8」等男團，AKB48、乃木坂46、Perfume等女團，還有眾多俊男美女演出的日劇，加上諸多日本的科技產品、流行事物與觀光景點，都吸引著哈日族們競相追逐；連臺灣的一些綜藝節目，也從日本綜藝中「學習」了不少花招。

不可否認的，MADE IN JAPAN的事物，的確都包裝得相當精美炫目，而且不斷地求新求變，對社會大眾有相當的吸引力。

但是，所謂的「哈日族」們可曾想過：這些華麗耀眼的日本流行事物，便能代表日本文化嗎？若說「哈日」或「認識日本」僅止於追東洋流行、嘗日本美食、覽東瀛美景，這便有如西方哲學家馬庫色（H. Marcuse）所說的「單向度的人」，僅滿足於「文化工業」大量生產的虛擬世界，那就像是將一個人身上的裝飾品當成這個人本身一般地淺薄。

我們不能忽略的是，在日本流行風潮及強大的科技與經濟實力的背後，實有著傳承千載的精神文明。在宗教及哲學方面，舉其大者，有創立「東密」的「弘法大師」空海、開創「台密」的「傳教大師」最澄，還有禪宗的道元、良寬，淨土宗的法然、親鸞；近代則有西田幾多郎、鈴木大拙、久松真一等國際知名學者，這些大師為日本留下了相當豐厚的精神遺產。在文學方面，由《源氏物語》以降，《枕草子》、《徒然草》等隨筆集、西行法師的短歌、松尾芭蕉的俳句，及至近代的芥川龍之介、夏目漱石、川端康成、三島由紀夫、井上靖等文學名家的著作，則為日本寫下了璀璨的文學史頁。

除了宗教、哲學、文學之外，日本還有傳統的茶道、花道、書道、武道、工藝乃至於建築藝術等，這些才是日本文化真正的、深層的內涵。若只是耽溺於日本流行時尚及美食美景，能算得上真的「哈日」嗎？

遍照中日佛教的密教龍象——空海大師

繼韓國高僧《元曉大師——海東菩薩》之後，「高僧傳」系列叢書接著出版日本高僧《空海大師——即身成佛》一書。西元七世紀的元曉大師，本欲經由陸路至唐朝求法，後因頓悟「萬法唯心」而另闢蹊徑。九世紀初，空海大師以則日本留學僧的身分，冒狂風巨浪之險，至中國學習當時盛極一時的佛教密宗及大唐文化。元曉大師被視為大韓民族的精神脊梁，空海大師則對於日本文化更有其不可替代的地位。

空海大師可說是佛教史上難得一見的天才。他冒險來到中國後，在三個月內便得受金胎兩部灌頂，並成為傳法大阿闍梨；這對一般人來說，是需要花上一輩子修業的。可貴的是，空海並不拘泥於舊說，他融合了中印的佛教理論，寫下《秘密曼荼羅十住心論》、《秘藏寶鑰》等鉅著，建構了一套宏大緻密的教理體系，乃至有學者稱其可媲美德國大哲黑格爾（F. W. Hegel）的《精神現象學》。

空海大師為日本真言宗奠下了不可動搖的基礎；其開宗立派的高野山，則成為真言宗信眾的精神故鄉，並已被聯合國列入世界文化遺產。直到今天，空海大師的著作仍是日本真言宗各派理論與實踐的依據。

除此之外，空海對漢文化浸淫頗深，根柢深厚，在文學、文學理論、文字學、書法等文化領域，都有相當高深的造詣。又因密教是將教理「具象化」的宗派，所以十分重視象徵藝術。空海除了從中國帶回相當豐富的佛像、法器，曼荼羅等佛教藝術品之外，他回國之後，亦親自參與一些佛像雕塑、繪畫等體現密教藝術的創作活動。

更難能可貴的是，空海大師並非拘於一格的佛教學究，他亦熱心地投入社會建設。為了令教育普及，他創立了「綜藝種智院」，收納一般庶民及貧賤子弟，讓他們也有受教育的機會。此外，大師還負起監督修建讚岐國滿濃池的責任，令當地農田得以灌溉，不受水旱之苦，令當地百姓十分感念。

由此可見，空海大師的生命實充滿著相當浩瀚恢宏的創造力及傳奇性，無怪乎其被視為「日本的達文西」。一九四九年諾貝爾物理獎得主湯川秀樹，在一篇訪問稿中，盛讚空海大師是一位多才多藝的天才，稱他把宇宙萬物的生命濃縮到身邊，並適時予以展現出來；湯川認為，這般的氣勢及創造才能，與德國大文豪歌德（《浮士德》、《少年維特的煩惱》等名著之作者）頗為相似。

然而，空海大師對人類至高精神境界之貢獻，又哪裡是「文豪」二字所能涵括？日本有一句格言：「『弘法』奪大師之名」；換言之，提到「大師」，第一位想到的就是弘法大師，由此可知其在日本人心目中的地位。

承蒙目前於高野山深造的宏濤法師撥冗相助，編撰《空海大師——即身成佛》，將這位堪稱「震古鑠今」的佛教大師引介給華人讀者，讓我們得以一窺這位日本真言宗大師一生的傳奇與風範。如今，在佛教界的交流及努力下，傳至日本的漢傳密宗，又將回歸漢土……

據傳，一位英國牛津大學教授曾說：「沒到過高野山的人，根本沒有資格談日本文化！」由此可見高野山之象徵性。在全球化的今天，不論是「哈日」、「哈韓」，抑或是「崇美」、「崇歐」，皆已是許多國家大眾文化裡的共同元素；只是，小編我竊以為，文化交流的重點，應在於學習對方文化及文明中的精髓，而非迷失在轉瞬即逝的流行風潮裡。除了認識空海大師及淺嘗真言宗思想的法味外，也希望本書能讓讀者由小見大，令未能有緣到高野山一遊的讀者們，能稍微領略日本文化深層的一面，藉以對自身生命及所承載的文化內涵與根柢有所省思——包括其相對之優缺點，從而體會到自身文化傳承之深廣與底蘊。

目錄

「高僧傳」系列編輯序
令眾生生歡喜者，則令一切如來歡喜 003

推薦序一
中国密教再興安堵すべし 添田隆昭 012

推薦序二
接續弘法大師之密宗法脈！ 釋寬旭 015

編撰者序
發願效法空海菩薩、荷擔如來家業！ 019

本書編輯序
沒到過高野山的人，沒資格談日本文化！ 賴志銘 024

示現

●空海〈風信帖〉真跡 040

第一章　誕生・成長 043
余年志學，就外氏阿二千石文學舅，伏膺鑽仰。二九，遊聽槐市；拉雪螢於猶怠，怒繩錐之不勤。
成長背景 045
進京求學 049
就讀大學 053

第二章　求道・修行 061
吾今重述生死之苦源，示涅槃之

樂果。其旨也，則姬孔之所未談，老莊之所未演；其果也，則四果獨一所不能及，唯一生十地漸所優遊耳。

虛空藏求聞持法　063
《三教指歸》　066
矢志出家　076
七年精進　079
動念赴唐　081

第三章　渡海．入唐　089

隨波升沉，任風南北；但見天水之碧色，豈視山谷之白霧。掣掣波上，二月有餘；水盡人疲，海長路遠。飛虛脫翼，泳水殺鰭，何足為喻哉？

入唐準備　090
渡海赴唐　099
文采解危　106
進入長安　111
參訪長安城　116
移居西明寺　122

第四章　傳承密法　135

今則授法有在，經像功畢。早歸鄉國，以奉國家；流布天下，增蒼生福。然則四海泰、萬人樂，是則報佛恩，報師德；為國忠也，於家孝也。

初見惠果　136
密宗法脈　140
師事惠果　147

惠果入寂 156
決意回國 159

第五章　虛往實歸 187

（《仁王經》）謂其功則七難霧卷，謂其德則七福雲集。護國之冥助如牆如壁，防敵之神力若矛若盾。五力菩薩振威而往護，百部鬼神乘通而來衛。

滯留築紫 188
最澄創立日本天台宗 191
廟堂動盪 194
與最澄交流 197
成為嵯峨天皇知交 203

第六章　高雄山時代 213

黃葉索山野，蒼蒼豈始終；
嗟餘五八歲，長夜念圓融。
浮雲何處出，本是淨虛空；
欲談一心趣，三曜朗天中。

高雄山灌頂 214
與最澄的分歧 224
與時人的交遊 241
真言教學的推廣 246

第七章　高野山初創期 251

於金剛峰寺，奉建毗盧舍那法界體性塔二基，及胎藏金剛界兩部曼荼羅。然今，工夫數多，糧食難給。……伏乞諸檀越等，各添一錢一粒等物，相濟斯功德。

初建大伽藍 253
勤於著述 260
修築滿濃池 263
期盼隱居修道 268

第八章　東寺時期 277

弘仁帝皇給以東寺，歡喜不絕。
使成祕密道場，努力！努力！

營造東寺 278
弘法活動 284
綜藝種智院 290

第九章　高野山入定 297

得道高僧冰玉清，
乘杯飛錫度滄溟；
化身住世何能久，
塵界定留惠遠名。

晚年的活動 299
圓寂 304
入定信仰 309

影響

壹・眞言宗思想 319

眾生體性，諸佛法界，本來一味，
都無差別。眾生不悟，長夜受
苦；諸佛能覺，常恆安樂。是故
為令眾生頓覺心佛，速歸本源，
說此真言法門，為迷方之指南。

重要著作 321
判教思想 323
「即身成佛」思想 337
心性觀 350

貳・文化影響力

或臥煙霞而獨嘯，任意賦詠；或對天問以獻納，隨手成章。……比興爭宣，氣質沖揚；風雅勸戒，煥乎可觀。

361

日本漢文學之高峰 363

文學、文字學、語言學之論著 366

對日本書法藝術之貢獻 368

參・傳承弟子

夫以密教，是大日如來心肝、金剛薩埵腦膽者也；而輒授非器之者，從密教主御身，有出血之罪。

373

實惠 375

真濟 376

真雅 378

真然 379

道雄 380

智泉 381

杲鄰 382

泰範、真如、圓明、忠延 383

附錄

387

空海大師年譜 388

參考資料 398

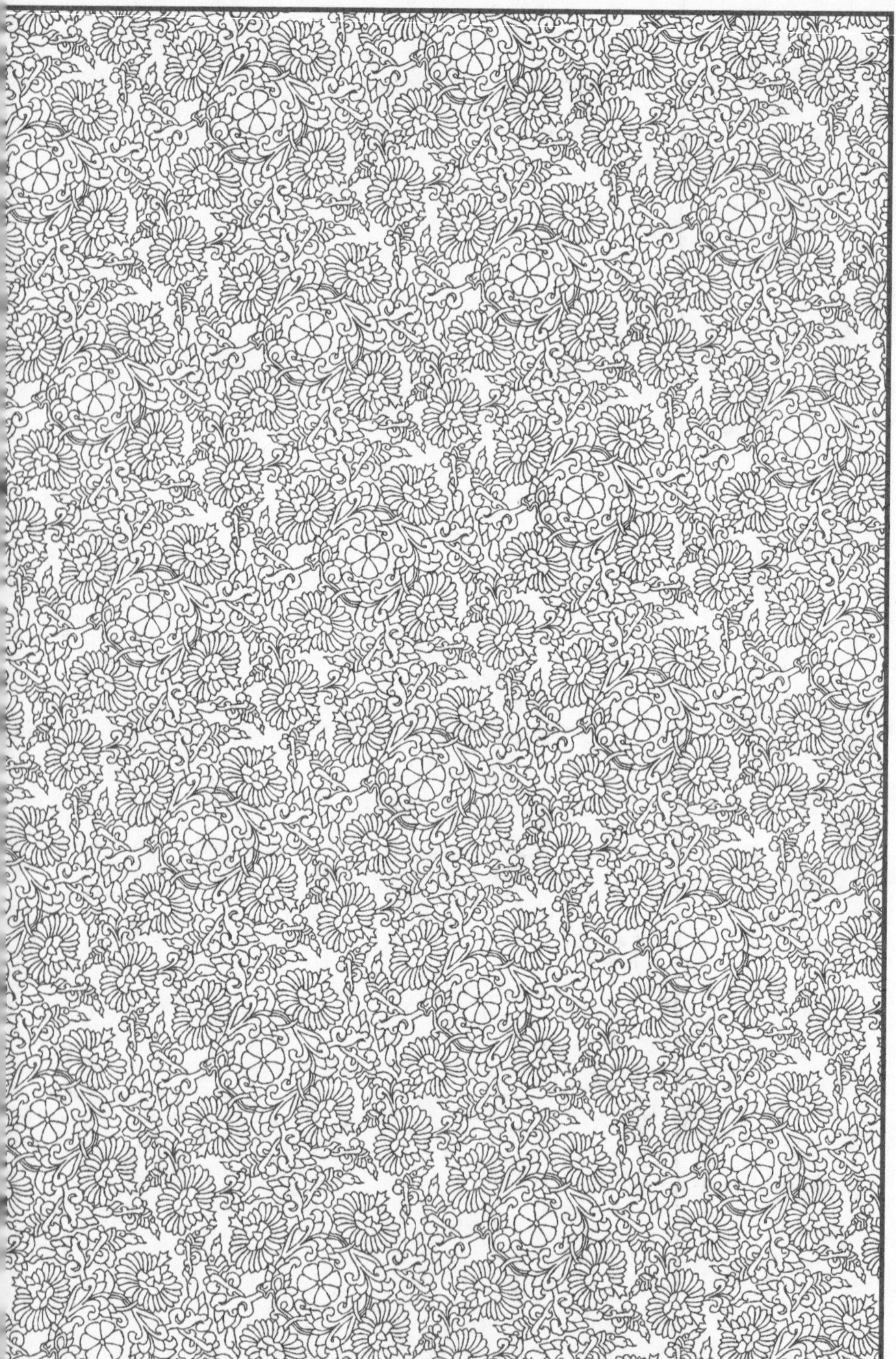

示現

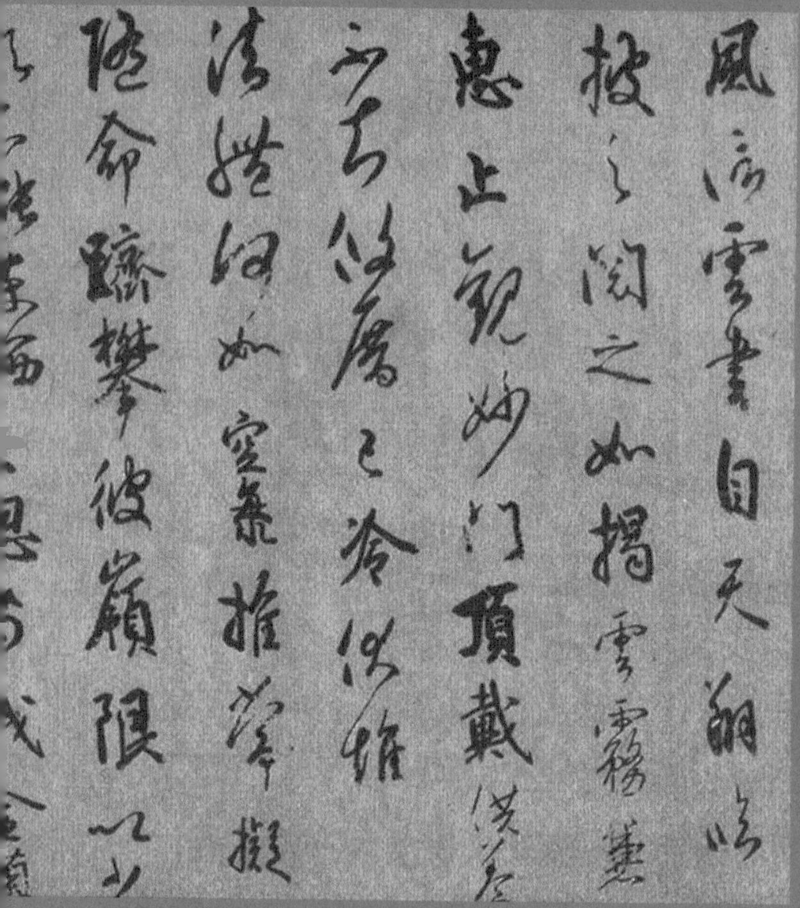

風信雲書，自天翔臨：
披之閲之，如揭雲霧。兼恵
止觀妙門，頂戴供養，不知
攸厝。已冷，伏惟法體何
如。空海推常，擬隨命蹐攀
彼嶺，限以少願，不能東
西。今思與我金蘭及室山，
集會一處，量商佛法大事因
緣，共建法幢，報佛恩德。
望不憚煩勞，蹔降赴此院。
此所望。匆匆不具。釋空海
狀上

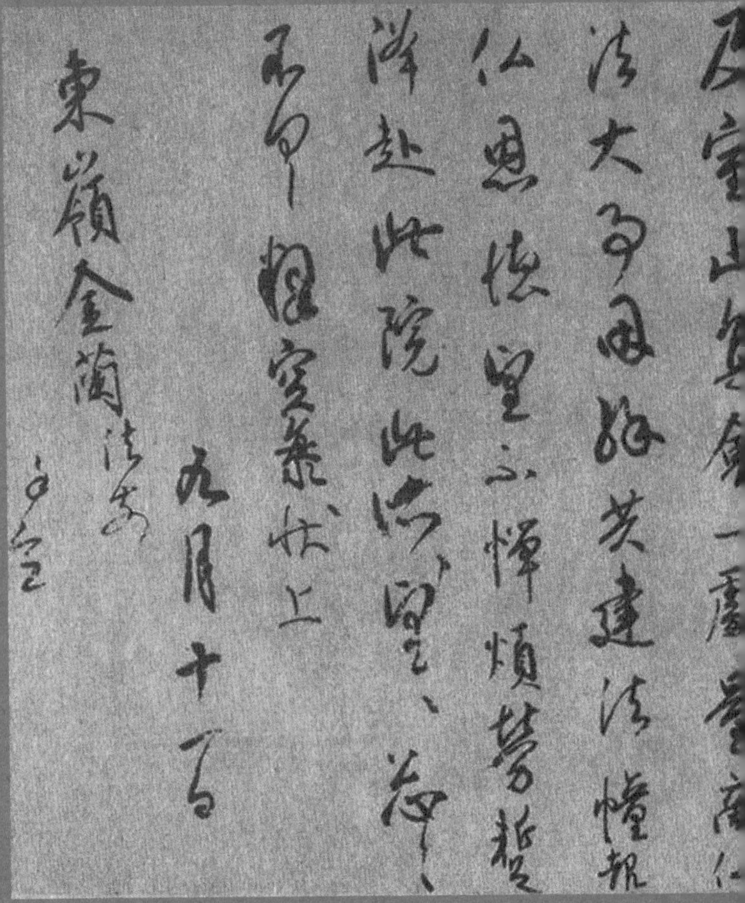

及室山集會一處量商仏
法大事因縁共建法幢報
仏恩徳望不憚煩勞蹔
降赴此院此所望望　悤悤
不具　釋空海状上
九月十一日
東嶺金蘭法前
謹空

九月十一日　東嶺金蘭法前

謹空

（日本京都東寺藏，引自維基百科）

第一章　誕生・成長

余年志學，就外氏阿二千石文學舅，伏膺鑽仰。二九，遊聽槐市；拉雪螢於猶怠，怒繩錐之不勤。

西元七七四年（光仁天皇寶龜五年）六月十五日，在日本讚岐國（今香川縣）多度郡弘田鄉的佐伯家中，空海出生了。

關於他的降生，素有其母大刀氏「夜夢天竺聖僧因而懷胎」一說。「母夢吉祥、感而有妊」的記載，在很多名僧大德的傳記中都能讀到，這對於註定成為一代高僧的空海來說，似乎並不稀奇。但是，還有一點頗為獨特，千年以來便眾說紛紜，甚至被傳頌得神乎其神。那就是——

空海出生當天，在隔海相望的中國，於神都長安，被稱為「開元三大士」（註二）之一的不空三藏亦悄然圓寂於大興善寺。

這是巧合嗎？兩人可以說是有直系的師承關係。空海受法於惠果，惠果又曾受法於不空。兩人所擔當的歷史使命又是如此相似：一位是漢傳密宗的扛鼎之人；一位可以說開創了「東密」真言宗。隔海而出世的兩位天才，於當世都是智慧超絕、睥睨群倫，於後世則彪炳春秋、光耀千載。因為在那個關鍵的時間節點上一沒一出，很多人便不由得將空海視為不空的轉世；這種說法一直延綿不絕，至今不衰。

成長背景

空海的家鄉讚岐，位於四國島的最北端，氣候溫暖，四季分明，一年之中少雨而多晴。當地多是低緩的丘陵，登高望遠，能眺望到靜美的瀨戶內海。優渥的自然環境與豐富的物產，孕育了先進的文化；當時的讚岐國，是日本古代四國之中文化最為先進之地。這一點從一個事例中便能看出：在白鳳時代（西元六四五至七一〇年）的四國之中，阿波（今德島縣）有七座寺廟，伊予（今愛媛縣）有十三座寺廟，土佐（今高知縣）有兩座寺廟；而當時的讚岐寺廟總數有二十五座，比前三者之和還多。由此也可看出，當時在讚岐，佛教已經有了一定的影響力。

空海為家中次子，其父為佐伯直田，是讚岐的國造（可世襲的官位），品級為六位。據稱，其先祖曾追隨日本武尊征討毛人（蝦夷，即今之北海道）有功，因而得受封地，世代相繼。其母為大刀氏，名玉依姬，為家中長女。玉依姬有弟名大足，阿刀大足對少年空海影響頗深。

空海幼時，俗名真魚；孩提時代，就因聰明穎悟被左鄰右舍稱為「神童」。在空海一歲左右曾發生過一則軼事，被廣為流傳：據說，當時有一高僧名法進上人，他與鑑真和尚同船東渡至扶桑，天皇駕崩時曾主持「追善大法會」，是當世稀有的唐代赴日高僧。法進上人在路過空海家時，聽到嬰兒啼哭，便預言這一孩童絕非凡庸，他日能夠弘傳大法，還特意囑咐空海父母要善加撫育。

其實，空海的父母也隱約感覺到了他們的兒子非比尋常，對他加倍地疼愛與呵護。空海在臨終前一年所寫的〈御遺告〉中，就曾回憶道，自兒時起便被父母稱為「貴物」。

對天才空海的成長尤為關切的還有他的舅舅，阿刀大足。阿刀家當時亦是望族，世代為學者；阿刀大足本人更是博學多識，是桓武天皇第三皇子伊予親王（平成天皇的異母兄長）的侍講。空海少年時期求學路上的引路人，便是其母舅。

當時的日本在地方上設有官立學府「國學」，京城內則有最高學府「大學」。讚岐國的國學中，可入學就讀者多為地方上的貴族及官宦子弟，空海也屬此列。國學中所教學科有多種，其中包括紀傳、明經、明法、音、書、算等；諸科之中又以經學為中心，所教經類有《禮記》、《左傳》、《毛詩》、《周禮》、《儀禮》、《周易》、《尚書》等七經以及《孝經》和《論語》。

空海少時曾在國學求學兩年，之後更多的時間，則跟隨阿刀大足學習。被阿刀大足引入漢學殿堂的空海，表現得出類拔萃，甚早便展顯出過人的才華，因而也格外受到父母以及家族的期待。

滿腹經綸的阿刀大足面對空海這樣一個少年天才，自然會生起殷切的愛才之心，願意傾囊相授吧！少年空海之所以能夠奠定堅厚的漢學基礎，一方面來自於其聰明、勤奮，另一方面不可忽視的，便是阿刀大足的敦促與教誨。空海當時或許並不知道，他的漢學才華，在未來將是叩開唐王朝緊閉大門的「利器」。

此時，地方上的國學，已經無法滿足求知若渴的空海了。桓武天皇延曆七年（西元七八八年）的春暖花開之際，十五歲的空海跟隨舅舅離開家鄉讚岐，前往京城，旨在進入最高學府——「大學」；只有在那裡，空海的天賦才能得到最大程度的開發與展現！

這時的空海還是稚氣未脫的少年，便已經跟隨舅舅開始了人生第一次揚帆遠航。踏著春光，遍覽讚岐的山野風貌，大麻山沿著長長的海岸線延綿不絕，在朝霞夕陽間不斷變換著四時景致，也頗雄渾壯麗。

那個時代的男子肩上都擔有興旺家族之責；身上承載著佐伯一族希冀的佐伯真魚，面對即將啟航的出鄉之旅，變幻莫測的人生之途，不知作何感想……

進京求學

延曆三年，桓武天皇下旨將都城由奈良遷至附近的長岡京；十年之後，又遷往了京都。空海入京是在延曆七年，長岡京的新都仍在建設當中；據此推測，他應該是先抵達了奈良。在這裡，空海看到了遠比家鄉更巍峨雄偉的建築，以及來自於全國各地的走卒、商販和行腳僧侶，還有鐘鳴鼎食的王公貴胄；熱鬧繁華的街巷中人來人往，商鋪林立，一片繁華氣象。

空海進京本是想入大學求學；然而，當時入大學的門檻很高。一方面，入學有年齡的限制，必須在十三歲以上、十六歲以下；另一方面，入學者要求必須是品級為五位以上的貴族子弟。前面提到，空海父親的官品為六位，故不在此列。這條限制對空海的入學造成了極大障礙，以至於空海在都城的前三年，都無法進入大學，只能繼續跟隨阿刀大足學習。

地方國府興辦國學，以地方豪族子弟為培養對象，十三歲入學，以九年為限；讓豪族子弟受教，其目的是為了培養地方官吏。而中央的最高學府大學，則以中央貴族子弟為對象，目的是培養未來可在朝廷內任職的高級官員。這樣一種制度與政策設計的存在，使得空海即使再勤奮努力、胸懷壯志，也只能「望門」興嘆，頗有天妒英才之感。

此外，空海還受到了另一政治環境的制約。佐伯家有一長者佐伯今毛人，為正三位參議，延曆元年起被任命為宰相。當時的權臣藤原種繼，為避免同族之間相互提攜，形成龐大的利益集團，便要求其他佐伯姓者不可擔任要職；立意雖善，在某種程度上，卻也扼殺了空海父親或近親的晉升道路。

在描述空海的文字中，「遊玩」二字是極罕見的。關於那段日子的遊樂之事，空海在其著作《三教指歸》中只提了六個字：「二九，槐市遊聽。」可以想見，在這三年裡，空海應該沒有空過時日，在繁華的京城裡並未荒於嬉戲。

阿刀大足偶爾會帶空海去拜訪清村淨豐，向他學習唐話。清村淨豐是清村晉卿第九子；晉卿本姓袁，是唐人，十八、九歲就擔任大學之音博士。淨豐盡得其父晉卿之真傳，而精通長安、洛陽當時流行的唐話。空海的唐話基礎，便是在那時打下的；這為他將來作為遣唐使團的一員赴唐求法，提供了便利。

當時的空海，還曾向書法名家原連魚養問學過。空海自幼曾隨母親和舅舅研習書聖王羲之的書法，已小有所成；而在魚養的指導之下，他的書法技藝才漸臻成熟。空海並且青出於藍而勝於藍，在日本書法的歷史上留下了重要的一頁。

大多數時間裡，空海都在苦讀。他曾在《文鏡秘府論》的序中寫道：「幼就表舅，頗學藻麗」。此處之「藻麗」，指的便是中國的詩文詞章。縱觀其一生所作詩文，篇篇文采斐然，足見少時之空海不僅著意用功於漢學經典，同時在詩文方面也下過苦功。或許，此時的空海也想寄情於詩文來抒發其苦悶吧！

空海年紀輕輕，未及弱冠便出鄉關，初入京師又遭碰壁，保守嚴苛的貴族官僚教育體制讓他遭遇到了不公。雖為地方豪族之子，在大學面前尚難得其門而入，何況一般的百姓呢？從雙親慈愛的襁褓中，殷切關愛的羽翼下脫離出來的佐伯真魚，甫涉人世，便嘗到了世間的涼薄與無奈。自幼時期便被稱為「神童」、「貴物」，並在眾人的稱讚與熱切的期許中長大的空海，應是第一次受到如此深的挫敗吧？而他又無可奈何。

這赤裸裸的不公與歧視，一定深深地刺痛了少年空海的心。想要掙脫不公、實現平等的願念，像一顆種子植入了內心；以致在多年後，待他自唐學成歸來，時機成熟時生根發芽，創立了日本歷史上首座面向平民施教的學校——種智院，這也是現今真言宗門下種智院大學的前身。空海第一次將平民教育的觀念植入了大和民族的精神系譜中，同時弘揚並踐行了佛教之眾生平等、慈悲憫世的精神要旨。當然，這是後話。

在空海十八歲時，事情終於迎來了轉機。

就讀大學

十八歲時，空海終於得以進入大學，展開進一步的學習生涯。至於空海是如何克服了十六歲的入學年齡限制，歷史上並沒有明確的史料記載；在其背後，有很多種可能。

其中最大的可能是，空海得助於其舅父阿刀大足。當時的阿刀大足，作為伊予親王的侍講，有機會接觸到朝廷的權貴；他或許可以藉機向別人推薦自己的神童外甥，以獲得幫助。

除此之外，當時的大學裡有一老師名叫岡田牛養，與空海同是讚岐出身；阿刀大足跟他同樣都是學識宏富的學者，相互之間可能有頻繁的交往。也許正是在岡田牛養的幫助下，空海才得以進入大學。

還有一種可能性就是，空海得到了佐伯家族中最有權勢的人、也就是佐伯今毛人的幫助。當時的朝廷可謂舉全國之力來興建東大寺；幾經重修的東大寺存留至今，其規模之宏大，置之於當今世界寺廟之林，依然罕有可與之比肩者。當年興造東大寺的直接負責人，就是佐伯今毛人。他當時想必也聽說過讚岐家佐伯一族出了一個神童的傳聞；在見到空海之後，他也一定會認為傳聞不虛，而為之綢繆、奔走。

總之，不管出於什麼原因，延曆十年，十八歲的空海終於得償所願，進入了大學。歷經困難而獲得的事物，往往會尤為珍惜，人之常情如是；空海在入大學之後，更加精進地學習，他便曾用「囊螢映雪」以及「頭懸梁、錐刺股」的例子來形容自己當時的勤奮。

大學有著地方國學難以比擬的資源。以師資為例，如明經科，在地方國學之中僅有博士一人；而在京城的大學，除有博士之外，還有助教二人和直講二人。空海便向岡田牛養博士問學《左氏春秋》，隨味酒淨成直講學習《毛詩》、

《尚書》等。

而且，大學的規範也更嚴格。以學經的方法為例，首先是用唐音背誦，因此需要跟隨音博士用正確的發音讀誦。背誦之後，更需要理解經義，則由經博士或者助教、直講將文義講明。

大學在每年的八月一日開學，於次年的七月三十日結課，是為一學年。七月中則會有年終考試，將會決定學生是否能夠順利地進入下一學年。當然，在一學年的週期之中，還是有每隔十天一次的短假，為期一天。在短假之前，博士會對學生進行考試；考試的其中一項便是背誦，從經論的千字之中找一處，覆蓋三字，然後讓學生準確地寫出原文。此外還有關於經義的考試，則是從經論之中摘出兩千字來，指出其中的一個問題點，讓學生宣講其深義；如果測驗不合格，則可能受到鞭刑的懲罰。

大學的生活自然是緊張而充實的。除了學經之外，空海也曾修學過音樂與書道；他自身所具備的卓越書法天賦，或許在這時便得到了充分發揮。

官宦子弟進入大學，最為重要的目的便是為了能夠通過式部省的高等官考試，從而進入中央朝廷做官。空海選擇進入明經科，其目的也非常明確，就是為了將來入朝做官，光宗耀祖。這在一開始，應該就是家中安排好的。但這是空海真正想要去做的嗎？

十八、九歲的舞象之年（古代男子十五至二十歲時期的稱謂，語出《禮記．內則》：「成童，舞象，學射御。」舞象，謂舞武也，用干戈之小舞也。）正值思考人生方向甚至是人生意義的階段；空海對於真正想要去做的事，一定從內心中進行了深刻的考問。

當時的朝政由藤原種繼把持，空海即便能入朝做官，也屬無根之萍，沒有強有力的背景，沒有權貴可以攀附。況且，說到底，即使做得再好，也就如佐伯今毛人一般的地位吧？那是空海自己想要的嗎？

眾所周知，儒家的理想是修身、齊家、治國、平天下；這番理論，想想確實令人心潮澎湃。但是，難道生來就是為了治國、平天下的嗎？生是為了什麼，死後又會怎樣？孔子說，「未知生，焉知死。」但是，生和死真的不可知嗎？那個時期，這個疑問一直困擾著空海。

如果是佛教的話，能解決這個問題嗎？

【註釋】

註一：「開元三大士」指的是唐玄宗開元年間來華傳教，開創漢傳佛教密宗的三位西域高僧，即善無畏、金剛智、不空。

善無畏（Śubhakarasiṃha），又音譯為輸波迦邏，生於西元六三七年，七三五年十一月二十五日（唐玄宗開元二十三年十一月七日）圓寂。出生於中印度的貴族家庭，幼年時被稱為神童，曾為摩伽陀國國王；後將王位讓與其兄，出家為僧。師事那爛陀寺達摩掬多長老，並從其學密。西元七一六年，以八十歲高齡抵達中國長安。所譯密宗經典主要有《虛空藏求聞持法》、《大毗盧遮那成佛神變加持經》（即《大日經》）等；所著《無畏三藏禪要》，對中國禪宗影響亦深。後世之人稱其為真言宗

「傳持八祖」第五祖。

金剛智（Vajrabodhi），音譯跋日羅菩提，生於西元六七一年，七四一年九月二十九日（開元二十九年八月十五日）圓寂。出身南印度摩賴耶國，婆羅門種。十歲於那爛陀寺出家，二十歲受具足戒，廣習大小乘經律論。三十一歲，從南印度龍智學習密教。繼善無畏東來之後三年，於唐開元七年（西元七一九年），在南印度國王派遣使者的護送之下，攜大量梵夾及珍寶，與弟子不空由海路經錫蘭、蘇門答臘至廣州。

開元八年，入洛陽，於兩京之地翻譯經典，建立壇場，化導四眾。開元二十九年，欲歸國；雖獲准，然因病圓寂於洛陽廣福寺。七四三年葬於龍門西塔，謚號「大弘教三藏」。主要傳譯《金剛頂經》系密教經軌，為真言八祖之「付法八祖」第五祖、「傳持八祖」第三祖。

不空，又作不空金剛（Amoghavajra），生於西元七〇五年，七七四年七月二十八日（唐代宗大曆九年六月十五日）圓寂。父親為北印度婆羅門出身，母親為康國人，但其出生地則有異說。開元二年（西元七一四年），於長安師事金剛智學習密教；因聰敏過人，深獲器重，盡得五部三密之法。

金剛智示寂後，遵師遺命，為求全本《金剛頂經》等密宗經典，往印度求法，偕同含光、慧辯等浮海西遊，經廣府、訶陵而達錫蘭，從普賢阿闍梨（一說龍智阿闍梨）受《十八會金剛頂瑜伽》及《大毗盧遮那大悲胎藏》各十萬頌，並受金胎兩界五部灌頂，蒙指授諸尊密印、文義性相等。玄宗天寶五年（西元七四六年）攜大量真言祕典、經論梵夾等歸長安。為玄宗灌頂，以祈雨靈驗，賜號「智藏」。安史之亂時，受敕命住長安大興善寺，築灌頂壇，行調伏禳災之法。代宗時，授特進試鴻臚卿，加號「大廣智三藏」。曾於五臺山建立金閣寺等密教道場，弘揚密宗及文殊信仰。大曆九年（西元七七四年）入寂。追贈司空，諡號「大辯正」，於大興善寺造塔安置舍利。

與鳩摩羅什、真諦、玄奘等並稱四大翻譯家。為真言宗「付法八祖」第六祖、「傳持八祖」第四祖。

第二章 求道・修行

吾今重述生死之苦源，示涅槃之樂果。其旨也，則姬孔之所未談，老莊之所未演；其果也，則四果獨一所不能及，唯一生十地漸所優遊耳。

空海與佛教的淵源可以追溯至他的出生。據他自己在〈御遺告〉中說，母親就是在夢見天竺聖僧進入懷中之後，才妊胎產子；五、六歲時也常夢見居坐於八葉蓮花之中與諸佛共語；除此之外，幼時也有高僧法進上人，預言他絕非凡庸，並囑咐雙親定要善加培養。可見，佛法的種子自小便深深地埋在了他的心田。

少年的空海，偶有閒暇時，便喜歡優游於讚岐的山野深林之間。他望著巍峨的山巒，隻身立於絕壁峽谷之間時，對超然絕世的隱修生活萌發過無限的希冀。

那顆向佛的種子，一直在等待機緣，好生根發芽。

虛空藏求聞持法

有一天，在京城求學的空海偶遇一位沙門，從他口中得知了「虛空藏求聞持法」(註一)這一法門。這位沙門到底是誰，空海沒有說清，至今也無人知道。不過，我們可以推測的是，這位沙門很有可能只是向空海介紹而已，並沒有說清楚此一法門具體上該如何行持。

於是，空海又至勤操法師（西元七五四至八二七年）處請教。勤操當時駐錫於大安寺，是三論宗著名高僧。他在十六至二十歲之間，曾經在南嶽（今日本吉野山、高野山一帶）的山野中修行，對於山嶽修行頗有經驗；更為重要的是，勤操持有著虛空藏求聞持法脈的正宗傳承。空海跟隨勤操，得授了具體的修行次第。

勤操的傳承，來自於道慈。道慈是一位博學多識的入唐高僧，他兼學六宗，尤擅三論宗法義；並且在唐的最後三年，曾經跟隨善無畏學習，對虛空藏求聞持法尤為精通。道慈返日之後，有弟子慶後和善議，善議即是勤操的師父。道慈在善無畏之處求得的虛空藏求聞持法，便經善議傳給了勤操；現在，勤操又將此法傳授給了空海。

此外，與空海關係較為親近的元興寺護命和尚也曾修習此法。據說，他在一月之中，於上半月深入山林，勤修求聞持法；下半月則居於寺中，研習法相。由此可見，修習虛空藏求聞持法在當時的佛門之中頗為盛行。

按照以往的傳統，虛空藏求聞持法需在山林中修行。空海在得授這一修行法門之後，又是如何抉擇的呢？

由前文可知，京城所立的大學並沒有悠長的假期；尚在就讀的空海，為了修行虛空藏求聞持法，應該是中斷了學業，肄業而離開大學，毅然決定入山修行。這需要極大勇氣，而且必定會遭到親人阻撓。

空海沒有像他舅舅那樣繼續深入經學研究，又或者入世為官，舅舅阿刀大足一定會認為空海辜負了自己一直以來對他的期望；不僅如此，還會有來自整個家族的壓力。一家之中，能出現如此人才，本是極為難得；費盡心力地將他送至京城，供其讀書，為的是讓他之後能入朝為官，之後承繼家業光大門楣。但是，如今空海卻決定出家離俗、入山修行，讓這些計畫都落空了。

空海對虛空藏求聞持法抱有極強的信心。一方面，此法得受於當世之高僧，於傳承上而言，可以追溯至善無畏之弟子道慈，法脈清晰可信；另一方面，前輩高僧神叡又有成功的先行經驗，用實實在在的修證驗相，證明了此法真實不虛、切實可行。這兩點，都讓甫入佛門的空海，對於修行佛法生起了極大的熱情和信心。

自此，空海深入山林，開始了艱苦的實修。他行腳於「名山絕巘之處，嵯峨孤岸之原」，足跡遍及阿波國大瀧嶽和土佐室戶崎之間。冬日漫漫，滴水成冰，於深雪之中，身披藤衣，踽踽獨行；夏日炎炎，天乾熱湧，則餐霞飲露，斷絕谷米，朝暮懺悔。置身於絕境的苦行，鍛鍊了空海的意志；嚴寒、酷暑、飢渴、疲累以及孤身於深林荒野的危險，都沒能讓他退失修行的精進，反而讓他信心彌堅。

日復一日、年復一年的山嶽修行，空海內心堅信其功不唐捐；置之死地而後生的絕苦，最終感至虛空藏菩薩現前加持。這樣的經歷，空海在〈御遺告〉中有過記述：

心觀明星入口，虛空藏光明照來；顯菩薩之威，現佛之無二。

虛空藏求聞持法的修有所成，一定帶給了空海極大的信心。

《三教指歸》

延曆十六年（西元七九七年），二十四歲的空海寫成《聾瞽指歸》一書，闡釋了對儒釋道三教的評判，這是日本第一部三教論衡之作。所謂「聾瞽」，即是聾盲之意，以之比喻不明真理、被假相蒙蔽的愚癡之人。淳和天皇天長年間（西元八二四至八三四年），空海又將此書增補了「序文」以及「十韻詩」之後呈獻給朝廷，更名為《三教指歸》。因此，後世也將其稱之為《三教指歸》。（註二）

《聾瞽指歸》一書的真跡尚存，現收藏於日本高野山金剛峰寺，為日本國寶。一般認為這是空海早期的書法作品，字裡行間展現堅實的晉唐書風基礎，並可作為空海書風變遷的研究資料。但是，由於高野山所藏之《聾瞽指歸》謄寫於縱簾紙上，故而推測此一真跡並非出自二十四歲時的空海之手。

所謂縱簾紙，是由白麻紙和唐紙製作而成，經過精細的折疊之後產生折痕，因此形成紙紋，更利於書寫。這種紙在當時極其珍貴，據說只有天皇方能使用。由此推測，這一真跡應是空海在由唐返日之後，謄寫於嵯峨天皇所賜的縱簾紙之上。

後世也通常將《聾瞽指歸》視為空海出家的宣言書。他自幼苦讀儒家經典，遍學詩文詞章，又兼學佛、道兩家經典。在經歷了青春的彷徨猶豫、經受了山林的苦行實證之後，終於明確了心志，辨三教歸一教，並立場鮮明地貶抑儒、道，宣揚佛教之勝場。

關於創作此書的動機，一般有以下幾種考量。

從空海自身來講，他在修習虛空藏求聞持法而有所成就之後，對佛教生起了極其堅定的信心；歷經二十年的苦學，他終於明確了人生意向。這其間的心路歷程，以及對於三教之間的短長優劣，他有自己的論斷、有自己的苦思、有自己的心緒要吐露。

空海需要向他的家族、向對他寄予厚望的阿刀大足等人有個交代。他曾孤身一人，離塵絕世，入山修行，孤懸險境，不想讓家人知曉並因此擔心；數年之間，家人對他了無音訊。這期間他到底做了些什麼、內心發生了什麼變化，以及這之間的緣由，他都需要有所交代。

二十四歲的空海，即將面臨貢舉考試。在大學就讀的學生，必須通過貢舉試的考核才能由太政官推舉任官；接受考試的貢生，規定必須在二十五歲以下，否則將會失去資格，也就錯過了入朝為官的最後期限。

貢舉考試於每年十一月舉行，《聾瞽指歸》是在當年的十二月一日撰寫完成；這個時間點，不由得讓我們聯想到當時的貢舉考試制度。想必，空海在即將滿二十五歲之際，明確地宣布放棄入朝為官的機會，矢志向佛。與此同時，撰寫此書的目的，也是向關懷自己的人說明，他並未空過歲月，對應修習之學問，皆已盡心；書中所述內容，便是對他多年苦學成果的一種展示。

空海想要以此來表達意向：他絕非不夠資格、不能為官；而是不願為官，甚至不屑為官。在空海看來，出家為僧、一心向佛，方為人世間最殊勝的歸途。這也是此書被稱為空海「出家宣言書」的主要原因。

《聾瞽指歸》以駢體文書寫，辭藻華美，句式靈動，用典紛繁，展示了空海極高的文學造詣和過人才華，不愧其「天才」之譽；書中文字，至今讀來依然琅琅上口。一位一千二百年前的東瀛古人，能熟練地運用漢唐音韻，明曉平仄變化、經典名章、人物典故，並信手拈來，運用純熟，不得不令人驚歎。《聾瞽指歸》的內容亦可分為五節，分別為「龜毛先生論」、「虛亡隱士論」、「假名乞兒論」、以及「觀無常賦」、「生死海賦」。除了龜毛先生、虛亡隱士和假名乞兒三人之外，書中還涉及到「蛭牙公子」和「兔角公」兩個主要人物。

起初，兔角公因為自己的侄兒蛭牙公子「性則狠戾，鷹犬酒色，晝夜為樂，博戲遊俠，以為常事」，感到甚為焦急；不知如此冥頑墮落、不思進取的侄兒再這麼下去，將如何是好？遂祈請「天姿辨捷，面容魁梧」的龜毛先生來加以點化。於是乎，龜毛先生即以儒者身分登場，為蛭牙公子宣說儒家理論。

龜毛先生所堅守的儒家觀念，雖然宣揚的是仁義道德之理，骨子裡卻充滿了對於世間榮華名利的追求。空海認為，儒者「擇鄉為家，簡土為屋；握道為床，挈德為褥；席仁而坐，枕義而臥；被禮以寢，衣信以行；日慎一日，時競一時；孜孜鑽研，切切斟酌」，在表面的行持上或可作為道德典範，但歸根結底，內心的境界還是與現世利益息息相關。龜毛先生教導蛭牙公子，若能聽從儒家教誨，改邪歸正，潛心行之，便能獲取世間的權勢、財富、名望，以及美滿婚姻與世間種種歡樂。

文中，空海顯然是假借龜毛先生的口吻強調，若聽從儒家之論、行持儒者之行，便可獲得世間種種的名聞利養；而對於儒家高倡的仁、禮、義等德行，卻避重就輕地一帶而過，後世對此頗有不以為然者。但是，空海孰會不知儒家仁義禮智之崇高理想？除了為後文即將登場的佛、道二教理論作出鋪墊之外，想必空海也是藉此道出自身的所見所感：那些當初在大學中寒窗苦讀的同學，多是以出人頭地為目標。因此，空海直接趨其本質，揭露出：儒者即使再宣導仁義之高潔，但若是應化於世間，依然還是在追求名利。所以，他才想要濃墨重彩地宣揚信奉儒家之學可得種種世間利益的一面。

實際上，這也是空海的釜底抽薪之舉。

追論至道教，空海又假借「虛亡隱士」之口，布陳道家觀點，認為儒家僅是為了貪圖一時之樂，與道教追求長生久視、全性葆真、羽化成仙的理念相比，則大為遜色。虛亡隱士認為，世間之人「願浮雲富，聚如泡財，遨不分福，養若電身」，一切都歸於無常變化之中；若聽從儒家的教誨，最終會讓人「娛曲未終，悲引忽逼」，即便是將來能貴為卿相，也必然是「始為鼠上之貓，終為鷹下之雀」。他告誡世人，世間的種種名利歡樂，都是一種虛幻的存在；唯有修道成仙，方是正途，方為歸宿。

世間之人正因為「纏縛貪欲，煎迫心意，羈縻愛鬼」，所以才心神難安、軀體難健，難得長久之樂，而道教則有不死之神術、長生之密藥。修仙之人若能「淡然無為，心絕貪欲」，再進而學習一系列道術，則可獲得凡人難及的能力：「日中淪影，夜半能書；地下徹瞻，水上能步；鬼神為隸，龍騄為騎；吞刀吞火，起風起雲。」再進之，若輔以采藥煉丹、服食仙草，由此便可得道成仙：「放曠赤烏之城，優遊紫微之殿；淡泊無欲，寂寞無聲」，而終致「與天地以長存，將日月而久樂」的成仙之境。

論至佛教，空海借「假名乞兒」之口，分別對龜毛先生和虛亡隱士的觀點加以論述，以佛教理念調和儒道二家。空海認為，儒家是俗塵之微風，道教是神仙之小術，兩家都不究竟，都不能讓人獲得真正的喜悅與解脫；假名乞兒更是毫不掩飾地批駁道教的修仙之術，認為「無常暴風，不論神仙；奪精猛鬼，不嫌貴賤」，道教仙術並不能真正地讓人脫離輪迴。

空海在「假名乞兒論」一節還專門說明了自己的忠孝觀。作為出家修佛之人，一定是要割愛辭親的；然而，除了家族親情的壓力，更有著自己多年所學之儒家忠孝倫理觀的壓力，這實際上也曾是困擾空海的一大問題。此書作為他的出家宣言書，他一定會為自己辭親出家的行為做辯護。世人的偏見往往是：出家之人在家則無法孝養雙親，在國則無法忠君報國；因此，當時的空海一定曾為忠孝的問題所惱。他又是如何借假名乞兒之口，用佛教觀點論證其忠孝觀呢？

空海認為，真正的忠孝之道，無疑是出家修行，依照佛陀的教誨去踐行佛法，脫離六道輪迴之苦；儒家的入世之孝為小孝，佛教的出世之孝則為大孝。他引用古文經典來論證，稱「泰伯得至德之號，薩埵稱大覺之尊」。這句話涉及「泰伯」的典故。泰伯為周部落首領長子，他的弟弟仲雍和季曆、以及季曆的兒子姬昌（未來的周文王）都非常賢能。泰伯知道父親有意將首領之位傳於季曆，之後再傳於姬昌。為了讓賢，以遂父親心意，便奔至南方荒蠻之地，斷髮文身，以示不爭之意。空海以此為例說明，即便是在世間，離家未必不是盡孝；何況，他的出家更是為了成就「大覺」，真正解脫生死苦海：

吾今重述生死之苦源，示涅槃之樂果。其旨也，則姬孔之所未談，老莊之所未演；其果也，則四果獨一所不能及，唯一生十地漸所優遊耳。

空海認為，孔老之學均未真正論及如何離苦得樂的問題，唯有行大乘之道方能得涅槃樂果；因而，也唯有行持佛法才是最究竟的為人之道。所謂真正的孝養，不僅自己要修有所成，還應勸父母行持佛法；或者，當自己修成正果之後再來度化父母，才是真正的大孝。

《聾瞽指歸》的後文中，蛭牙公子在聽了儒者龜毛先生和道家虛亡隱士的勸諫之後，表面應承，內心卻不以為然；聽過假名乞兒的一番佛教論斷之後，才大為折服，並決定歸信佛教；龜毛先生與虛亡隱士也被假名乞兒說服，最後也皈依了佛教。現在看來，蛭牙公子其實是空海當時自我比擬的角色；而在空海後來的著作中，亦可見其「三教調和」的思想。

做為出家宣言書的《聾瞽指歸》，是空海確證內心志向的一份聲明。他傾心於佛教，矢志於出世之道；他以書明志，為的是表明心意，為的是宣揚佛陀教誨；當然，也是為了做一次了斷——他從此要出離俗塵，不再於世間爭名奪利，蠅營狗苟。

《聾瞽指歸》的撰成，就像是一條清晰的分界線，將空海的人生劃為鮮明的兩段。在此之前，他一直都是身屬世間的佐伯真魚；從此之後，他的內心已真正出離，一心向佛。

空海現在唯一所缺的，便是一個出家人的身分。

在空海完成《聾瞽指歸》的次年，四月十五日，朝廷設立了新的「分度試」制度。所謂分度試，指的是國家每年給予一定的名額，允許一部分在家人經過考試後得度成為僧侶。至於分度試的由來，一說始於持統天皇（西元六四五至七〇三年），早期並不完善；至養老四年（西元七二〇年）正月，才發展成為一種成熟的得度制度。

分度試的考試流程頗為嚴格，其內容也多有變更。例如，歷史記載，延曆十二年的應試者需要測試對漢音的掌握程度；與此同時，得度者的年齡還規定要在三十五歲以上——顯然，這是在限制未婚年輕人出家為僧。

一般而言，得度考試於每年十二月之前在僧綱所進行。具體的測試形式，便是將佛教三藏中主要經論的內容，分列出十條進行考核；答對五條以上者，視為合格。得度之後，需行沙彌行；圓滿之後，還要再經過一輪考核，方能受比丘戒。考查形式則是在所列出的十條經論問題中，須答對八條以上才能通過；繼而才可進入戒壇，得受具戒，成為一名合格的官度僧。

對於僧侶資格的管控之所以如此嚴苛，是因為當時出現了一批為了躲避傜役而出家的私度僧，國家對於這種情況是嚴厲禁止的；所以，私度僧一直以來都不被國家認可。這種嚴苛的僧侶分度試制度，致使考試的通過率低下；又因為年齡限制太高，長久以來都飽受詬病。後來，考試制度被迫修改，之前規定的年齡限制則降低至二十歲以上，試卷的內容範圍，也改成了三論宗和法相唯識宗的相關經論，受比丘戒前的考試也被取消了。

但是，這一變革發生在延曆二十年（西元八〇一年）。急著出家的空海，沒有等到這一考試變革的到來；由於年齡的限制，他只能選擇先成為一名私度僧。延曆十七年，初春之際，空海在和泉國槙尾山寺的勤操門下落髮披剃，成為一名沙彌。這一年，空海二十五歲。

空海與勤操的因緣甚深。據他在〈御遺告〉中說，他十五歲跟隨阿刀大足入京，之後不久便拜見了勤操。勤操當時所住的大安寺與佐伯院相距不遠；佐伯院乃是空海家族，亦即佐伯一脈供奉的家院，創建者即為佐伯今毛人。空海在拜訪佐伯今毛人的同時，也會去向勤操問學。

勤操雖然比空海年長整整二十歲，但在當年第一次見到這個聰穎異常的少年時，想必在言談中便已經隱隱察覺到，空海心中有一顆向佛的種子。如此志向遠大的少年，區區世間的榮華，怎能讓他滿足呢？只是，當時他身負家族厚望，需要進入大學並通過貢舉之試入朝為官，為家族贏得榮光；他那時仍血氣方剛，而且心志未定，身不由己。等他進了最難考入的大學，卻在二十歲的某一天，突然跑去向勤操請教虛空藏求聞持法；之後又遁入山林，開始了艱苦卓絕的山嶽修行。這其中，或許有來自勤操潛移默化的影響。

離鄉入京的十年間，空海從十五歲的懵懂少年成長為一個意氣風發的二十五歲青年。近十年來的成長與變化，內心的猶豫與疑慮、擔憂與惶恐、執著與堅忍，勤操都看在眼裡。

待勤操讀過空海所著的《聾瞽指歸》之後，他終於欣慰地發現，當年那顆埋藏在少年心中的向佛種子，在經年的風雨摧逼以及堅忍心志的韜養之後，已然生出堅不可摧的根脈，已然伸出蘊含著蓬勃生機的嫩芽。

如今，空海請求勤操為他剃度，勤操想來一定會欣喜地接受；佛門得此良才，實在可喜，何有不受之理呢？

七年精進

空海從二十五歲至三十一歲入唐；這七年期間，關於他的記載寥寥無幾，所以有人將其稱為「謎之七年」。我們雖然不能確切地把握空海在這七年的具體行跡，可想而知的是，初嘗法喜的他，為了急切地脫離這翳眼狂花般的世界，一定會是勤勇精進地修習佛法！

當時的奈良朝，是南都六宗盛行的時代；所謂南都，指的是平城京（奈良）；六宗，即三論、法相（唯識）、俱舍、成實、華嚴、律等六個宗派。當時以三論宗與法相宗最盛，而勤操便是三論宗的代表人物，他同時也兼學其他各宗，是為碩學之僧。

空海投到勤操門下求學，並非投入三論宗一派；他之所以拜勤操為師，應該也與勤操廣學多聞有關。空海想要投入的是整個佛法的海洋，他想要求得的是最終的涅槃；因此，在一開始，並無門戶之見。

這所謂的「謎之七年」，空海一定沒有空過，而是迫不及待地投身於充滿奧祕的佛學義海之中，廣學經論，深入探究大乘法義。他可以向勤操學習三論宗法義，向護命學習法相唯識，同時兼顧各派論典；對於佛教戒律，亦尤須學習。七年之後的空海，開啟的將是學習、弘揚密宗的人生進程；而他在之後的著作中，又處處體現了對於顯宗教義的精準理解。由此推之，這「謎之七年」，應該是他專心學習顯教教義的七年。

在經歷了深入經藏、博覽群典的階段之後，空海又陷溺於諸宗義海之中。

奔突於各派教義之林，雖苦心抉擇，卻難尋根柢，他一定深深地感到困惑與茫然。他懷著無比堅決的信心步入佛門，本想揚帆起航，欲直達解脫彼岸；卻未料到，「一入佛門深似海」。他駐足船舷，茫然四顧；除了頭頂變幻輪轉的日月星空與遠在天邊的海天交界線，他看不見有任何航線可以抵達彼岸。

他於虛空藏求聞持密法而獲益，這曾經給了他極大的信心；在陷入經藏的汪洋之後，這或許依然是他內心堅定的支柱。只是，諸宗的教義他都感到難以相契；難道，他還是跟密法較為有緣嗎？

動念赴唐

佛子每當在迷茫的時候，都會想起本師釋迦牟尼佛，空海也是一樣。他奔至東大寺殿中，在大佛前發願：

吾從佛法常求尋要，三乘、五乘、十二部經，心神有疑，未以為決。唯願三世十方諸佛，示我不二！

空海的祈願馬上得到了回應。某夜夢中，有人告訴他，他的所有疑惑，可以在《大毗盧遮那經》中找到答案。

《大毗盧遮那經》即是《大毗盧遮那成佛神變加持經》（Mahāvairocana Abhisaṃbodhi Vikurvita Adhiṣṭhāna Tantra），簡稱《大日經》（「大毗盧遮那」意為「大日」），為密宗兩部根本經典之一，由唐代善無畏、一行等人譯出，全書共七卷。梵文本已佚失，現存漢、藏兩種譯本。

《大日經》後經日本僧人傳至日本。空海四方尋探，終於在大和國高市郡久米道場的東塔下獲得。後世稱此奇事為「感得《大日經》」。

空海雖然幸運地得到了經文原本；但是，他並未看到一行禪師所著二十卷本的《大日經疏》。沒有《大日經疏》的引導，《大日經》是極難理解的，仿若天書。何況，《大日經》中僅第一品〈住心品〉是在闡明教理，之後的經文則是在傳授具體的修行儀軌；這類的儀軌，只有經阿闍梨（ācārya，意為軌範師、教授師）親自傳授，才能真正掌握，否則難以入其堂奧。

由此可以想見，空海雖然滿懷欣喜地得到這部經文；但在細細閱讀之後，發現根本無法深入理解時，又是如何失落。

之後，空海又四處尋找高僧大德為他講解其中法義；例如，他曾向如寶請教。如寶是隨鑑真大和上一起東渡入日的僧人；作為鑑真的後嗣法子，住持唐招提寺，是德高望重的碩學高僧。但是，如寶依然難以為空海講明《大日經》真義；不僅如此，如寶還認為，當時的日本國內大概沒有人能夠將此經解說清楚。如果真的想要竟窺其奧賾，或許需要渡海至大唐，親自拜師求法了。

從那一刻開始，空海便產生了前往大唐求取真言密法的念頭。

但是，這又是何其不易！眼前的如寶老法師，他的師父鑑真大和上是經過六次生死劫難的考驗，才將律宗帶至日本。中日之間的大海，就像是一頭會隨時張口吞食人船的巨獸；以當時的航海技術而言，乘船渡海，風險非常之高。

但是，如寶的言語，卻像火鐮（舊時的生火工具）一般，將火星噴濺在空海內心的草絨之上，令其慢慢燃燒，由微變旺。之後，空海還數次前去唐招提寺拜會如寶和尚，禮請他講解唐朝人文、歷史和風物；傾囊相授的如寶，一定也對這位將要前赴自己故國鄉土的年輕僧侶滿懷期許。

空海在這期間，已暗暗下定決心：一定要西渡大唐，求取密法！

【註釋】

註一：虛空藏（Ākāśagarbha）菩薩，具有著如廣大虛空一樣無限的智慧和慈悲。以虛空藏菩薩為本尊的求聞持法，其功用殊勝；除了能使行者將來證得諸法實相、獲得出世間智慧之外，更可使當下即獲得聞持不忘的能力。如善無畏所譯《虛空藏菩薩能滿諸願最勝心陀羅尼求聞持法》說，修成此法之後，一經耳目即可文義俱解，「記之於心，永無遺忘；諸餘福利，無量無邊。」

至於修行的方法，現存善無畏所譯經軌中亦有詳細記載。簡言之，便是在恭敬地敷設壇儀之後，心中觀想虛空藏菩薩本尊，手結印契，口誦真言；日復一日，修習不輟，誦至百萬遍，便會卓有成效，或可得見本尊現前，獲種種殊勝功德。

除善無畏以外，金剛智、不空、佛陀耶舍、曇摩蜜多、法天及法賢等三藏法師也曾翻譯過以「虛空藏菩薩」為主題的經典和儀軌。

奈良時代的吉野比蘇山寺（今世尊寺），以修習虛空藏求聞持法聞名。除此寺之外，當時修習此法的人也大有人在。例如，奈良朝立朝初期，和道慈一同赴日的僧人神叡，據稱便因修習此法而親見虛空藏菩薩現前，得受加持。乃至之後的鎌倉時代，著名的日蓮宗宗祖日蓮上人，在十二歲時就開始修行虛空藏求聞持法。諸如此類的記載不勝枚舉；可知此法門在日本佛教史上作為一重要修法，為諸宗派所推崇，流行了許久。

現存日本京都東寺觀智院的五大虛空藏菩薩像，即是空海的孫弟子恵運從唐請來；此外，據恵運所言，唐時長安青龍寺金堂的本尊就是五大虛空藏菩薩。

註二：《三教指歸》全文共有上、中、下三卷；上卷為空海自序以及「龜毛先生論」，卷中為「虛亡隱士論」，卷下為「假名乞兒論」。序文部分主要敘述作者出家的動機及撰述本書的理由；「龜毛先生論」以下，採取對話討論的形式進行敘述。如同戲曲一樣，龜毛先生、虛亡隱士、假名乞兒等人皆是虛設人物，三人依次分別述說儒教、道教、佛教的概要和旨趣，最後則以代表儒家的龜毛先生、代表道家的虛亡隱士皆歸依佛教為終結。全文共引用了佛教經典二十七種，中國古典文獻則多達六十九種，體現了空海的三教論衡觀，被視為日本最初的比較思想論著。異本別稱《聾瞽指歸》，一卷，內容與《三教指歸》大體相同。二本今皆收於《弘法大師全集》卷九。較早的注疏有平安中期的敦光、濟暹二注，後世亦多有注釋。其中以運敞的《注刪補》與通玄的《簡注》流通最廣。

第三章　渡海・入唐

隨波升沉，任風南北；但見天水之碧色，豈視山谷之白霧。掣掣波上，二月有餘；水盡人疲，海長路遠。飛虛脫翼，泳水殺鰭，何足為喻哉？

空海若想入唐求法，只有加入遣唐使團，作為留學僧前往。（註一）

那時，對於隔海而望的大唐，日本國人充滿了無限的崇敬與希冀，宛若焦土之逢甘霖，恰如寒冬之抱炭火，熱切地想要前去發掘與探索。西元六三〇年，舒明天皇派出了第一批遣唐使；之後歷經近二百六十四年，至西元八九四年為終，其間共派遣了十九次遣唐使團前往大唐學習。

入唐準備

空海在決定了前往大唐之後，眼下最迫切的目標，便是能夠加入遣唐使團，隨船入唐。

但是，遣唐使團並不是每年都有；如前文所說，在近二百六十四年的時間裡，日本派往唐的使團總共才十九次。

延曆二十年（西元八〇一年）八月，朝廷中央政廳正式公布了成立第十六次遣唐使團的決定。這一次的遣唐使團，將派出四艘船，於兩年後從難波住吉的三津崎港口出港，向大唐出發。

十幾年一度的遣唐使團派遣，對於大多數想要前往大唐留學的僧侶來說，是一生中僅有一次的難得機會，空海一定想要緊緊地把握住它。

遣唐使團是一個人數龐大的團體。以當時的造船技術而言，一艘船的載人量最多可達一百多人，四艘船的總人數或可多達五百人；遣唐使團的成員，則包括各個行業。

此次使團的大使為藤原葛野麻呂，副使為石川道益；除此二人之外，使團官員還包括判官、錄事等人。五百人使團成員中，一般情況下會有半數人是舵師和水手，還有少數負責安全防護的兵士；除此之外，還有醫師、畫師、樂師、主神、卜部、陰陽師、譯語、史生，以及木工、鑄工、鍛工、玉工等匠人和造舶都匠、船師、船匠等。隨行的僧侶和學士中，有奉敕命長期居留的留學僧及留學生；那些短期停留並將隨同遣唐大使回國的，則稱之為還學僧和還學生。

所以，每批派遣使團之中，僅會有十名左右的留學僧；留學僧是有修學年限的，他們需要在唐長期滯留、學習近二十年才允許回國。還學僧的地位則明顯高於留學僧，他們是已具備相當學問基礎並且有一定社會地位的僧侶；其短期留學的主要目的是請益，並搜集相關資料文獻，之後便可隨大使一起回國。

與空海同批的遣唐使團之中，不乏有為日本文化作出重大貢獻的人物，他們將為歷史增添濃墨重彩。例如，作為留學生的橘逸勢，後來被稱為日本書道「三筆」之一。除空海之外，留學僧中還有比叡山的妙澄、圓基以及之後被唐王朝封為三藏法師的興福寺靈仙。而作為「還學僧」（公費留學）的最澄（西元七六七至八二二年），歸國後即開創了日本天台宗，被封為「傳教大師」。最澄，這位未來天台密宗的開創者，在空海之後的人生中扮演了重要角色。當時，最澄已經在朝廷和僧團之內有了顯赫地位，是以天皇身邊的近侍僧、內供奉高僧的身分奉敕前去大唐；並且，他還有作為翻譯和侍者的沙彌義真陪同前往。

最澄比空海年長七歲，出生於近江國滋賀郡，少時出家，傾心天台法義。他於延曆七年（西元七八八年）抵比叡山，在京都北部風光旖旎的琵琶湖畔，自刻藥師佛供奉，創建日枝山寺，即後來天台密宗大本山延曆寺的前身。十年之後的西元七九八年十一月，在平安京皇宮中舉行了名為「法華十講」的法會；次年，朝廷又召集了三百位僧侶、五十位沙彌，在宮中輪番講讀《大般若經》。經由這兩次的參會，最澄開始嶄露頭角，被朝廷徵召為宮中內道場的十位內供奉禪師之一，躋身於當時一流高僧之列。

延曆二十一年，在平安京郊外的高雄山寺，最澄召請善議長老等南都六宗的代表人物，舉行了關於「法華三大部」（《法華玄義》、《法華文句》、《摩訶止觀》，又稱為「天台三大部」）的輪番講演，高僧碩學濟濟一堂，盛況空前，於當時及後世均影響深遠，世稱「天台講演」。

「天台講演」影響甚大，或因這次集會得到桓武天皇的大力支持；最澄本人，也以此為契機，得到了天皇的特別恩許，准許以還學僧的身分加入遣唐使團，入唐進一步學習天台教法。

被任命為還學僧的最澄，當時尚未滿四十歲，卻已經站在了這個國家最高舞臺的中央，備受矚目。彼時的空海，雖三十已過，卻仍然默默無聞；他視當時之最澄，猶如低丘之仰崇山、麻雀之望鴻鵠。

空海當時還尚未嶄露頭角；實際上，在第十六次的遣唐使團之中，他甚至都沒有被選為第一批留學僧。在首批遣唐使團出發之後，部分留學僧因所乘之船遭受風暴而沉沒失蹤，空海才得以替補，在第二次出發時加入遣唐使團。

延曆二十二年（西元八〇三年）四月十六日，遣唐使的四艘船從難波津出港，揚帆起航。當時的船隻長約十五丈，排水量據傳近三百噸。船體由鐵釘將木頭釘合而成，木頭之間的縫隙則是用雜草填充；船底呈扁平狀，因而吃水淺，抵禦風浪的能力很差。其造船技術的幼稚和粗糙，可想而知。加之當時的航海技術也並不發達，甚至對於船帆的運用都不甚精通；如若不是順風，便須搖櫓前行。因此，每艘船上有近一半的人力都是船工和水手。

四艘船出海不久，未過幾日，在四月二十一日當天，便在海上遇到風暴；船隊遭受巨大創傷，船上人員多有傷亡。其中，最澄所乘的船漂至築紫港靠岸整修；曾被寄予厚望的大學助教豐村家長，隨沉船葬入海底。其他船隻則返港修理。整修的時間又花費了一年之久，這期間還需要補充物質和人員。

遭此海難，有人受傷、有人亡故，或許又有人因懼怕大海的凶險而生起了退心。總之，船上的留學僧出現了欠員，這便為空海的入唐提供了機會。

對於入唐的補缺人員，朝廷依然有著嚴格要求。空海能夠被推薦進入遣唐使團體，或許得益於背後多人的推薦。一種可能是，他受到阿刀大足及伊予親王的推薦；又或者因為，佐伯一族的政治勢力在當時的朝廷依然有著一定程度的影響力，空海也有可能得到了他們的支持。更大的一種可能為，空海得到了高僧們的有力推薦。例如，唐招提寺的如寶，他對於空海的入唐志願一直知曉並給予支持；當然，推薦者也有可能是空海的剃度師勤操，又或者是護命；護命八十歲時，已經歸國的空海還曾向其獻過賀詩，感恩他曾推薦入唐的恩情。

空海初出家的幾年間，一定因為自己的才學與德行而受到很多高僧的賞識；或許正是因為他們的傾力推薦，空海才有了加入遣唐使團的機會。

在獲得加入遣唐使的許可之後，空海還有非常重要的一個問題沒有解決，那就是他仍是私度僧，並未得到國家所承認的官方身分。所以，空海需要抓緊完成的一件事，便是從私度僧轉變成為官度僧。

據《續日本後記》記載，空海「年三十一得度，入唐留學」；三十一歲這一年，已是延曆二十三年。此時的得度，實際上是為空海開的特例。如果按照正常的流程，空海需要先參加延曆二十二年年底舉行的分度考試；通過之後，才能於次年的正月在大安寺參加年分度僧的出家得度儀式；在得度以後，還需要行滿兩年的沙彌行之後才能受戒。但是，記載中說，空海於延曆二十三年四月七日得度，僅僅兩天之後，便在東大寺戒壇院隨唐僧泰真和尚受了具足戒。很明顯，朝廷的諸多機構一路都為空海成為官度僧開了綠燈；不過，這是在特殊條件下的特殊處理，只是為了快速填補遣唐使團的空缺名額。

遣唐使代表著國家的形象。朝廷選拔遣唐使的一個重要原則，是此人需有良好的教養以及高潔的品格；並且，還要求容貌秀麗、舉止瀟灑、行儀優雅。空海能夠入選，必是滿足了以上的要求。

空海在得知可替補加入遣唐使團之後，在完成官度僧資格的同時，還於匆忙中為入唐求法進行著諸多準備。

留學資費的準備毫無疑問是重要環節。當時，留學生在唐的費用雖由唐政府提供，但據空海稱，唐政府所給衣糧僅夠續命，其他諸如拜師之禮、購書之金便完全不夠。並且，作為留學僧的空海，預定在唐年限是二十年；與此同時，他主要學習的是密宗法門，法器、法衣、曼荼羅、經集等也所費不貲。

空海的留學經費，自然有佐伯一門親友的支持，其中也會有一些僧眾、信眾的幫助；除此之外，布施最多資財的應是伊予親王。當時的伊予親王，被任命為三品式部卿，名下有許多莊園、房產，可以稱之為皇親貴戚中的首富；因此，當他聽聞空海將作為遣唐使入唐求法時，無論是出於私交還是出於家國之情，一定會欣然支持。

除了錢財之外，空海還需要在語言上做好準備。一旦入唐，文字雖通，卻完全陷入陌生的語言環境中。空海少時所學，似乎都是在為入唐的這一天默默準備；無論是以唐音閱讀儒家經典，還是曾隨舅舅向清村淨豊學習唐話，多年修習終將學以致用。為了儘快地適應入唐後的生活，空海還需要向時人討教大唐的人物、地理、風俗以及種種場合中的應對禮儀。

另外，空海此次入唐的初心，便是學習《大日經》要義，並進一步深入瞭解密法，盡最大努力地獲得密宗最核心的傳承、最精微的傳授。因此，他需要制定留學計畫，對於密法的傳承體系、主要經典、修法內容，以及密宗在唐發展的情形，主要的傳承人物居於何處、駐錫於什麼寺院等，都需要提前做好知識儲備。

空海很有可能只有不到一年的時間來做足以上的準備工作，他一定度過了匆忙緊張的籌備時期。

延曆二十三年四月九日，空海在奈良東大寺受具足戒。僅一個多月之後的五月十二日，在經歷一年的緊張整修後，第十六次遣唐使團便整裝出航了。

渡海赴唐

初夏時節，日本海海域季風未至，海面還頗為平靜。空海與大使藤原葛野麻呂乘一號船從難波津港出發，最澄和副使石川道益則乘二號船從築紫出航。四艘船之後集中於肥前國（今九州西部）的田浦港，這是在日本揚帆啟程的最後一站。

田浦港位於日本最西面的五島列島之上，它的南側是五島之中最大的福江島，北面則是久賀島，五島列島整體呈東北至西南走向；它們是日本的西關門戶，經此便可進入本土腹地。

從田浦港向西遠眺，便是一望無際的中國東海。七月六日這一天，他們起錨出港，面朝大唐，駛向東海。

按理說，七月是暴風雨多發的季節，不應該選擇在這個時機前往。其原因，一說是因航海知識匱乏，時人不瞭解季風變化；還有一種說法是，唐王朝會於每年一月份舉行萬國來朝的朝會，遣唐使一行想在此前及時趕到長安。

入唐之行，向來是凶多吉少，甚至可以說是一次死亡之旅。歷觀十九次遣唐使團的出行，僅有一次做到了安全往返，其他皆有或遭風暴而沉沒、或偏離航線而失蹤的情況發生。據說，在第一次出行之前，於宮廷的送別晚宴上，大使藤原葛野麻呂在觥籌交錯之際，且歌且泣；群臣觀之聞之，也都為之流淚。為祈願遣唐使團員能平安歸來，藤原葛野麻呂還向全國各處的天神地祇分別供養了親自抄寫的《金剛般若經》一百八十七卷。

當時的日本，為了出海安全，素有崇奉十一面觀音的信仰——十一面觀音被認為是水之神。最澄便在出行之前，親自用白檀木雕刻十一面觀音像並隨船攜帶，以佑航海安全。

而對於空海來說，在經歷了一年的奔波，勞心費力地準備各項事宜之後，或許到了踏上船的那一刻，他的心才真正安定下來。

由難波津港出發，空海所乘使船經過平靜的瀨戶內海，兩岸淡若水墨的山色時隱時現，日本的山巒起伏一直溫柔和緩，這一路還算順利。然而，沒過多久，空海又要開始為自己以及四艘船上五百多人的性命擔憂了。

船隊停靠田浦港時，空海自然有機會去拜訪乘坐二號船的前輩最澄；這或許不是兩人第一次見面，卻有著特別的意義。因為，這次相會，很可能是最後一次；各自登船後，就意味著將命運交給一望無際的大海、交給正欲肆虐的季風、交給洶湧起伏的波浪。以當時的航海技術而言，各船實際上自顧不暇，只能隨風而行，無法準確地控制航向，因而也難以組隊行駛；很有可能發生的情況是，在一次風暴將船隊打散後，各船之間再無音訊，唯有各奔前程。

大海的風浪，一如以往地沒有特別寬待他們。七月六日揚帆起航，離島並不遠，甚至列島上山巒的青色薄影仍隱隱晃在船尾的餘角；次日的戌時，天色暗下之後，一場突如其來的南風便襲擊了他們。在與風暴、海浪激戰了一整晚之後，天色漸明，他們發現三號船與四號船已經沒了蹤跡，消失於風浪過後的海洋之中。此時僅是他們啟程後的第二天。

留下來的人依然不能停滯，他們甚至沒時間抒發悲痛，便要忙著重新修補船隻、治療病患、重整身心，繼續前行了。前面的風浪可能更大更急，但他們沒有返航，而是義無反顧地向著海洋彼岸的大陸緩緩行去。

在海上隨著風浪漂了三十四日之後，當年的八月十日，空海所乘的一號船漂到了福州長溪縣（今霞浦縣）赤岸鎮。

最澄和副使所乘的二號船，則先於他們在明州（今寧波市）靠岸。最澄一行到達明州的具體日期並無明確記載；只是，在他們歷經艱險地上岸後，副使石川道益卻不幸病故了，時年僅四十三歲。最澄一行人將副使下葬之後，由判官菅原清公代行副使之責，帶領二十七人的隊伍，於當年的九月一日，從明州出發向長安而去。

在三十四年之後，作為第十七次遣唐使入唐的天台僧人圓仁，行經揚州時，曾在禪智橋東側停留，順便去參拜橋北岸的禪智寺，寫下了「延曆年中，副使（石川道益）忌日之事，於此寺修」的文字。從這一點也能夠看出，當時的唐政府對於派遣入唐又不幸亡故的外國使節是寬恤有加，抱有相當的敬意。

空海一行人也經歷了諸多磨難。他們停靠於赤岸，卻由於溝通的問題，遲遲不被允許進入城內，只能在溼熱的海岸沙灘上苦等。

他們先是受到了赤岸鎮守將杜甯和縣令胡延沂的迎接；但兩人因為權小位卑，沒有權力給他們放行。有權允許他們入境的，只有福州刺史一級的高官；不幸的是，當時任福州刺史的柳冕因病辭任，而新任命的觀察使刺史閻濟美尚在赴任途中。因此，他們唯有等候。

八月份的福建沿海，正是酷暑難耐之際。海浪翻滾，海風裹著鹹熱的水氣一陣陣地將人衣襟打溼。因為一直等不到政府下來的傳令，空海一行人只能在海岸的沙灘上搭建起簡易木屋以作暫居之用。新任命的刺史花了近兩個月時間，才趕至福州赴任履新。空海一行本以為這下終於可以被放行入境，離開這溼熱難忍的沙灘。

然而，新刺史要查看遣唐使團的國書和國印。他們此次前來並未攜帶國書；國印雖有，卻在副使石川道益手中；而載著副使的二號船，早已在一次風暴之後失去了蹤跡。

當得知這批東瀛來客並無國印、國書，卻又自稱遣唐使者之後，作風謹慎的新刺史閻濟美對其產生了高度警戒。既無國印又無國書的這群東瀛蠻夷，若不是使者，那一定是海賊了？做此推想的刺史，繼而命令兵士對一行人進行嚴密監視。

日本的遣唐使團，以往都是到蘇州、明州、揚州一帶登岸，當地也會按照慣例接待並加以安撫；但是，空海他們不幸漂流至無此先例的福建赤岸，只能盡力去溝通了。

藤原葛野麻呂作為大使，與當地政府聯絡、溝通的責任自然非他莫屬。他三次撰文，欲向閻濟美說明情況，但閻濟美都置若罔聞。

藤原葛野麻呂身上流著漢人的血，他有一半的漢人血統，自幼跟隨母親說唐話、習漢字，又出生於門閥世家，自小受文教熏習，想必對於文書撰寫有相當的自信。不過，作為一個土生土長的東瀛人，能寫出漂亮通順的漢文文章，在當時的東瀛實在是一件非常困難的事；或許他的漢文功底還未到火候，撰寫的上報文書難入閻濟美之眼，三封文書一一投出，卻如石沉大海，無半點回音。

此時的遣唐使團，將要到達忍耐的極限，已處於崩潰的邊緣；他們已近三個月沒有踏上堅實的泥土地了，潰散的意志像極了腳下綿軟的沙灘。本就寢居難安，缺衣短食；更令人難以忍受的是，站在異國的土地上，卻受到了當地人的警戒與敵視，這讓他們的處境愈加窘迫。前面是難以說服的刺史，身後又是九死一生才跨過的大海；他們不願意空手而歸，卻又進退維谷。

文采解危

此時，空海登場了。

不知是藤原葛野麻呂早就耳聞空海文筆絕佳，而邀請空海撰文上書；還是空海主動請纓，說自己要斗膽一試，為大使代筆。總之，空海在沙灘中一張難以立穩的案桌上研磨起筆，揮毫寫就了一份文書，懷著忐忑的心情交予大使，大使又轉遞上呈閻濟美。

兩人應該都沒想到，文書呈上不久，他們便收到了回音。

閻濟美讀到這篇措辭謹嚴、引經據典、言之鑿鑿又文采斐然、氣勢雄渾的文章，為之驚訝不已。他完全沒有想到，區區東瀛島國，荒夷之地，竟有人具備如此文采、如此學識、如此氣度，甚至其書法亦極具火候。此文與前面三篇的文筆、字跡截然不同，他肯定猜到了這是代筆之作；他也一定想要看看，這位代筆之人究竟是誰。

只是，沒有國書、國印，他依然限於律法，對於該如何處置這批身分不明的東瀛人士，尚處於猶疑之中。恰好此時，從長安來報，申明這一行人確為遣唐使團，需殷切優待之，閻濟美這才趕緊帶著一行人前去迎接。

原來，閻濟美之所以遲遲不願接受遣唐使團入境，是在等長安來的消息。使者奔赴長安彙報，再將消息傳回，經歷了整整三十九個日夜。

身分得到確認之後，遣唐使團立即得到了糧食供給。初登岸時，尚是酷暑之季；當大唐真正敞開胸懷接納他們，已近初冬了，他們在沙灘上度過了整個秋季。如今，即使在這片大陸的南端之地，他們依然感到寒意逼人。閻濟美下令為他們建十三戶房屋以作臨時居住之地，又為他們派發新衣，並派出四人提供雜役服務。

空海的代筆文章被流傳至今，全文共七百四十餘字；正是因為這篇文章，以及來自長安的確認消息，使得遣唐使團的待遇陡然一變。（註二）

空海在文章開頭，便先將大唐王朝與其賢明聖皇誇讚了一番，稱日本國乃是得唐之榮光才能風調雨順，然後再言明來歷。空海顯然是自稱藤原葛野麻呂（「賀能」為藤原的中國名），接著說明遣唐使團一行是如何歷經暴雨風浪、經九死一生才「再見生日」。言及此，空海又繼續說明大唐一直以來，將日本「待以上客」。唐是君子之國，而日本國又是國風淳樸；國印、國書乃是防備奸佞之人所用，而日本國所遣之使不存奸偽，因此不用以此為憑，希望刺史大人不要懷疑。

說明了國印、國書之事後，空海又繼續說，以往之遣唐使團，均直接抵達蘇州、揚州一帶，當地皆能給予優厚禮遇；現在因為風浪之故，才漂流至此。如今久候已倍極疲憊，而且使團中的愚人亦已「竊懷驚恨」，恐再拖下去會情急生變，後果不堪設想；還請刺史大人能「垂柔遠之風」，寬容大度，如舜海接收涓涓百流般地接納空海一行。

在確認了使團的身分之後，他們還需等待從長安派來的敕使，在敕使的帶領下從福建前往長安。等待期間，閻濟美作為東道主，自然會宴請藤原葛野麻呂一行；不過，他更感興趣的還是空海。由於空海的文筆給閻濟美等官員留下了極深刻的印象；因此，在接風宴席上，他成了座上賓。

在宴會之上，詩文的唱和一定是不可少的。時任泉州別駕的馬摠，是當時名士，與韓愈相交甚篤；他作為閻濟美的下屬，也接待了遣唐使團一行。席間，他與空海便有詩文唱和，其所作詩〈贈日本僧空海離合〉，被《全唐詩》收錄，流傳至今。詩云：

何乃萬里來，可非衒其才；

增學助玄機，土人如子稀。

這首詩為「離合詩」（將某字相拆成文）：第一句與第二句中的首字，分別為「何」與「可」，這樣就離出了「人」（即「亻」）；第三句的首字為「增」，最後一句的首字為「土」，這樣就就離出了「曾」字；「亻」與「曾」字便可組合為一個「僧」字。這個「僧」字，指的便是空海。

待長安來的敕使十月之末趕到福州之後，按照慣例，確定了隨其入京的名單。大唐的京城，並非想入便入之地，也不對每個外國來人開放。以第十七次遣唐使團為例，據圓仁記載，當時留學生十一人之中，只有兩人獲得了入京許可；空海因為嶄露出過人的才華，被禮為上賓，自然入選了進京名簿。

未耽擱多久，十一月三日，他們便在敕使的帶領下從福州出發，奔向長安。入京的團隊共二十三人，全員都配備了馬匹。福州距長安有兩千四百公里之遙；以當時的交通條件，這一路一定少不了奔波與坎坷。

他們從福州出發，沿著閩江溯流而上；到達南平之後，又轉而朝東北方向前進。繼而沿著武夷山脈的走勢一路前進，到達浙江境內，經杭州、嘉興到達蘇州。再從蘇州折向東北，經常州、鎮江到達揚州；之後又經由安徽境內抵達汴州（開封），繼續西進抵達東都洛陽。他們未在洛陽久留，又出函谷關，一路行至長安近郊的長樂坡。在此暫時停下，清點行李、換服易裝、整理儀容，等待城內來人傳喚，放許入城。

長安，是空海此行的終點。如今，從赤岸到長安的這段路程，也被稱為「空海之路」。（註三）

離開故國，已近半載，經歷九死一生方至此地，巍巍長安就在眼前；當時的空海，一定欣喜又忐忑。

進入長安

唐時的長安城，有著繁華盛世的氣象，舉世矚目的風采，是當時世界上最繁華的都城，可謂整個東方文明的中心。長安城極其周正闊大，城內以朱雀街為中軸，東西十四街、南北十一街，有一百零八坊，人口逾百萬眾。千門萬戶，如圍棋局；崇崇宮闕，王氣所鍾。這裡有空海未曾見過的花攢綺簇、夜市千燈；亦有他心馳神往的清幽淨土、古剎梵鐘。

空海一行人在長樂坡休整兩日之後，朝廷派來了內史趙忠前來迎接；趙忠還特地驅來二十三匹專為禁軍所用的飛龍廄良駒，以供遣唐使者乘騎。飛龍廄擁有著禁軍中最為優良的馬匹，馬身之上均有「飛龍」字印，威風凜凜。空海等人跨上駿馬，從長安的東正門春明門入城，進入了浩浩泱泱的長安城。

過春明門，即入春明門街，街長兩千二百四十公尺，是唐長安城主幹六街之一，直通東市和皇城；當時許多遠道而來的使節、商旅，都要經此門入城。三十三年後，同樣來自日本的第十七次遣唐使團也是由此入城。除此之外，進京的官員和入唐使節若要到尚書省及鴻臚寺辦理事務，也需要經春明門入城；當時的湖北、湖南兩省商販由商山道進長安城入東市，也都必經此門。著各地服飾、操著各種口音的商販，往來此地，熱鬧非凡。

入城後，空海一行即被安置在近鄰東市的宣陽坊官宅中。在這裡，他們欣喜地與遣唐使二號船菅原清公一行二十七人相遇，他們早已於十一月十五日自明州抵長安。半年之前，從田浦港出發的五百餘人，如今僅有五十人能於長安相聚。相見寒暄之後，一定感慨良多，為葬身大海的兩船成員扼腕嘆息。

十二月二十四日，也就是入住官宅的次日，藤原葛野麻呂大使等人便攜帶了天皇專門呈貢給德宗皇帝的獻禮，在監使劉昂的引領下進入皇城。二十五日，大使等人在宣化殿內等候，拜謁德宗；可惜的是，他們久等未至，在當天也最終未得德宗的親自接見。因為，當時的德宗李適已是年過六旬的老人，正處在生命最後關頭，已沒有精力一一接見前來朝拜的各國使臣了。

大使一行隨後在麟德殿受到宴請，並得到豐厚恩賞；不僅如此，朝廷還專門遣派中使，特地在宣陽坊內宴請所有前來長安的日本遣唐使者。這樣的優厚待遇，以往是少見的；或許，在這格外的優待裡，包含著這個大國對他們在赤岸被冷待三月置之不理的誠摯歉意。畢竟，這是個極重禮節和臉面的國度。

唐貞元二十一年（西元八〇五年）正月初一，農曆春節，是唐王朝一年之中最重要的節日，按例也是萬國朝賀的日子。在大明宮中最為宏偉莊嚴的含元殿內，德宗面南而坐，順次接待向他朝賀的臣子以及外國使節，藤原葛野麻呂自然也在此列。

只是，年邁的德宗在當天見到自己身邊的皇親近臣紛紛前來，卻唯獨未見到太子李誦；當時，李誦已經臥病在床，難以面聖。二人素來父子情深；皇儲病重，德宗為之深感憂慮，當著眾人的面便悲泣不已。隨後因憂生疾，病情一天天加重；當月二十三日，這位老皇帝便於會甯殿駕崩了。

國不可一日無君，正月二十八日，尚在病中的皇太子李誦，不得不即刻登基。在御宇天下之前，他做了二十六年的皇太子，是唐代在位最長的儲君。生性謹慎的他，長久處於一人之下、萬人之上的位置，為人處事極守規矩；但長期的矜持內斂，也讓他久鬱成疾，在皇帝之位上僅僅待了一百八十六天。此為後話。

德宗的國喪，推遲了藤原葛野麻呂一行的歸國日程；居於官宅之中的他們，也要按照慣例為德宗服喪三日。

三日過後，便需要等待朝廷批許歸國的公文下達，方可啟程回國；當然，作為留學僧的空海、靈仙和留學生橘逸勢等人會繼續留在長安學習，按規定需要度過二十年的歲月。實際上，二十年並不是一個固定的年限；只是，他們如果想要回國，需要等待下一次的遣唐使前來；而從歷史上來看，第十七次遣唐使來唐，是三十三年之後的事了。

空海一定對在唐的學習滿懷期待，同時又惴惴不安、心懷隱憂。二十年的歲月太長，那時他已年過五十，在當時算是老者了；更何況，沒能回國的遣唐使者也大有人在，最為著名的便是前輩阿倍仲麻呂（漢名「朝衡」，或作晁衡）了。他以留學生的身分，十九歲來唐，在唐留居三十六年後，曾登上遣唐使的歸船回國；可惜的是，船一路被季風吹到了越南，船上一百多人大多數被當地土人所殺，僅有阿倍仲麻呂等十餘人僥倖逃過一劫，最後又回到長安。在此之後，阿倍仲麻呂便再也未曾離開過大唐半步。他在唐滯留了總共五十四年，最終也未能回歸故土，而是終老於長安。

關於阿倍仲麻呂的傳奇故事，空海在來唐之前或許便已有耳聞；現在，時光流轉，風雲際會，他如今也或將面臨相似的命運。彼時的空海，面對自己未來不測的際遇，內心應當是相當忐忑吧？

在宣陽坊的官宅中，或許也只有在深夜，空海才能有時間為前途謀劃、擔憂。因為，官宅外的長安城，對他而言便是整個世界的中心了；他一定滿懷著熱情與好奇，想要到處走訪，去看看這世間最繁華之地是怎樣的一番光景。

參訪長安城

空海首先想要參訪的當然是寺院。從宣陽坊的官宅內，眺望大薦福寺內的小雁塔，似乎是近在咫尺。走出官宅，再出宣陽坊北上，經平康坊到春明門街；再沿著春明門街向西，便到了皇城腳下；沿著皇城根再繼續向前，就是長安城的中軸線朱雀大街。近百米寬的街道，人流如織，車水馬龍，視野極其開闊。轉身沿著朱雀大街一路向南，便可到達大興善寺。

當年，不空三藏曾駐錫於此，寺中後院依然聳立著不空三藏的舍利塔。這座塔和空海同歲，三十一年過去，塔壁已有些許斑駁。空海一定前去朝禮過；畢竟，塔中的舍利屬於唐代密宗史上最為輝煌燦爛的人物，屬於有唐一代佛教史上，最為地位顯赫的人物。他睹塔思人，一定在塔前遙想過不空三藏當年的奕奕神采。

距大興善寺不遠的東南方，則是大慈恩寺。寺中大雁塔逾牆而出，莊嚴肅穆，雄姿盎然，遠遠便能望見。唐貞觀二十三年（西元六四九年），大慈恩寺落成，玄奘三藏為首任住持，之後在此展開了轟轟烈烈、彪炳史冊的譯經事業，為漢文大藏經的構成與圓滿，做出了極大的貢獻。空海在日本之時，便已經飽覽經藏，他一定對玄奘三藏非常熟悉，因為其中必有一大部分經卷出自他的譯筆。空海也會懷著崇仰的心情，前去大慈恩寺拜謁。

沿著朱雀大街，兩側名寺比比皆是，佛教寺院之間還雜處著各類宗教的寺院、廟觀。當時的大唐帝國，和它包容開放的民族、國家、文化政策相一致，對於宗教的包容也是前所未有的。隨著絲綢之路的拓展，邊疆戰事平息，貿易往來頻繁，來自歐洲、印度、阿拉伯、東南亞、以及西域各國的傳教者也都紛紛前往長安。當時的長安城中，不僅有大量的佛寺、道觀，還有景教（基督教聶斯脫里派〔Nestorianism〕）、祆教、摩尼教、拜火教、婆羅門教等等各宗教的道場。中國封建王朝統治達兩千年之久；若論宗教之興盛、信仰之自由，於唐時達到了巔峰。

當時的朱雀大街上行走著各種膚色的人；有金髮碧眼高鼻的歐陸人，有黑髮高額深目的阿拉伯人，有捲髮大眼膚色深褐的印度人，有膚色麥黃的漢人，也有撲閃著淺褐色瞳仁的胡人。唐代實際上也是民族大融合的時代，胡漢多族的血液隨著歷史車輪的滾轉不斷融匯。唐王室李氏一族本就有著鮮卑人血統，這種多族混血的根底，使得他們在處理民族、國別問題上也較為寬容；正是因為有如此寬廣的心胸，寬容的政策，才有多族、多教共處同興的場景。

朱雀大街上熙來攘往的行人過客，一定讓空海眼花繚亂。

長安城中最為繁華之地，當屬東、西兩市，其中尤以西市為最。東市臨近皇城三大內（西內太極宮、東內大明宮、南內興慶宮），近鄰皇城的各坊之中居住的也多是皇親貴胄和達官顯宦；因而，東市之中經營的多是奢侈品，市中號稱「四方珍奇，皆所積集」，各種珍奇異寶應有盡有，以滿足上流人群的各類需求。

與之相對，來到西市更多的是平民百姓，同時也更加國際化。邊疆安穩無戰，讓絲綢之路暢通無阻，西市彙聚了來自西域各國的商隊，來往穿梭的駝隊也讓街道顯得格外擁擠；與此同時，西市也聚集了來自全國各地以及日、韓、安南、暹羅等東南亞國家的商旅。如此龐大的人群咸集於此，需要足夠寬廣的空間來容納。西市當時占地達一千六百畝之廣，有涉及二百餘種行業的四萬餘家店鋪，是當時世界上最大的商貿集散地，熱鬧非凡，繁盛無比。

看到這番繁榮景象的空海，真正感受到了大唐的地大物博與繁華盛麗。

不僅如此，北接宣陽坊的平康坊則是著名的教坊（聲色場所）集中之地。

京都俠少、名士文人，多萃集於此。科考之際，進京趕考的舉子成千上萬之眾；屆時平康坊內絲竹聲樂不絕於耳，笙歌燕舞，徹夜喧鬧。那句著名的「春風得意馬蹄疾，一日看盡長安花」詩句中所說之「長安花」，便是指此處的伎樂歌女。

中國電影《妖貓傳》（改編自日本作家夢枕獏之小說《沙門空海之大唐鬼宴》）裡的空海，有和白居易前赴教坊探案的經歷。當然，這只是電影的演繹；真實的歷史中，空海作為持戒精嚴的出家人，一定不會出入教坊。

只是，空海於詩文、書法造詣頗深，活躍於長安文壇的名士想必還是會關注的；有馬摠的引薦和嚮導，空海自然會與當時的文人多有結交。他在宣陽坊官宅居住期間，曾收集大量有關詩文、書法的典籍和摹本。當時的文壇領袖為韓愈，較活躍的名士則有白居易、柳宗元等人；雖然李白、杜甫的時代早已遠去，不過韓、白、柳三人亦為留名青史的文豪，當時之文壇依然盛況空前。

在書法領域，楷書之集大成者顏真卿已於三十年前過世，與顏真卿並稱「顏筋柳骨」的柳公權尚活躍於當世。據傳，空海在唐曾隨柳公權兄弟學習書法；不過，實際上，柳公權當年才二十七歲，尚且未登進士第，所以彼此之間應無師承關係，相互交往是有可能的。

據空海自稱：「嘗遇解書先生，略聞口訣。」此處所說的「解書先生」指的是當時的書論家韓方明。空海時有「五筆和尚」之稱；所謂「五筆」，就是韓方明《授筆要說》中的五種筆法。（註四）

據說，唐憲宗還曾請空海補寫宮廷屏風上的王羲之法書的缺字。空海在唐期間所書寫的《三十帖策子》，也是純粹的王羲之書法風韻，精巧凝練、淡雅脫俗。此外，據記載，空海取得歐陽詢、張誼以及德宗皇帝等人的真跡，藉以觀摩研習，對於空海以後形成自己獨具風格的字體有很大裨益。

住在宣陽坊的日子，是短暫而匆忙的；長安的盡日周遊、結識朋儕，一定讓空海感到新奇而充實。入住宣陽坊官宅兩月有餘，遣唐使團返程的日子到了。唐貞元二十一年的二月十一日，藤原大使等人將會啟程返回日本，空海則留在長安。離別之前，他應該會拜託使團中人，希望在他們歸國之後，告知親友他平安抵達長安的消息；他一定深深地掛念著家中的父母和身在京城的舅舅。此外，空海還將玄宗親自撰寫的〈一行阿闍梨碑文〉託付給藤原大使，讓大使代為奉予天皇。空海專門挑此碑文奉上，其實也是為了表明志向：即一心求取密法，將密宗法脈帶至日本。

移居西明寺

二月十一日，藤原大使帶領回國使團，離開宣陽坊官宅，啟程返日。同一天，空海隨他們一同搬出官宅，入住西明寺。

「長安二月多香塵，六街車馬聲轔轔。」正月裡例行的百官朝賀已經結束，過大年的氣息也伴隨著元宵觀燈的餘韻消失殆盡。春意漸酣的二月，櫻杏桃梨次第而開，城中仕女紛紛追逐著花香的蹤跡。六街諸坊，車馬雜遝，聲震長安。而這喧鬧的時節，卻是遣唐使團的離別之際。回返之路依舊漫漫；入海之後，風浪波譎雲詭、天氣陰晴難測，又將是一段極為凶險的航程。留下之人與歸家之人，揮淚告別，今生是否能再相見亦未可知，只能互祝安好。

十一日當晚，空海便住入了西明寺；與他一同入住的還有橘逸勢，靈仙則住入了醴泉寺。

西明寺是當時長安城中規模最宏偉的寺院，位於臨近西市的延康坊。西明寺依祇園精舍為原型建造，占地極廣，其內房屋何止千棟；三重、五重以及七重寶塔多有安立，大殿巍峨莊嚴，結構複雜精微，體現出了極高的建築水準和藝術造詣。

在西明寺內，空海安住於永忠和尚（註五）的故院裡。

永忠在返程之前，與空海之間有過很長的對話；關於自己的學法經歷、關於長安佛教的學派、寺院和高僧，關於密宗的經典、人物和傳承等等，話題一定涉及到方方面面。永忠應該想要將三十年來的留學經驗，盡數傳授給這個聰穎、虔敬的年輕後繼者，甚至有可能為空海規畫了未來二十年的求學次第。

或許，正是有了永忠的經驗傳授與規畫指導，空海對於留學生涯才漸漸有了底氣，對留學規畫才有了大致清晰的藍圖。

空海在拜入惠果門下開始密法修習之前，曾經跟隨般若三藏（註六）學過三個多月梵文；他之所以做出了這樣的抉擇，或許便是聽從永忠的建議。

空海留學大唐的最根本志向是學習密法；但是，學習密法有一個重要的前提，就是需要通曉梵文。密法以真言修習為主，唐代所譯密宗經典中的陀羅尼真言多以悉曇體梵字書寫，且真言念誦的準確性對於修誦儀軌而言非常重要。因此，若想深入全面地學習密法，悉曇梵字、梵文文法以及正確的發音，是有必要掌握的。

跟隨般若三藏學習梵文，無疑是極好的選擇。般若三藏是當時著名的譯經高僧，駐錫於西市北面醴泉坊的醴泉寺，距西明寺不遠。當時的醴泉寺還有另一位印度高僧牟尼室利（Muniśrī）三藏；去年（西元八〇四年）四月八日，他和般若三藏兩人，曾奉德宗敕令合譯出《守護國界主陀羅尼經》。空海拜見般若三藏時，他已是年過七十的老者，牟尼室利三藏則將於翌年圓寂。

在當時，學習梵文並不是一件簡單的事，難度超乎想像。一來，因為同樣作為外國人的般若三藏，當時的唐語水準並不高，但他需要通過唐語來與空海交流，教授梵文。其二，梵文的文法複雜程度遠超漢文和日文；漢文沒有具體的文法可言，而當時的日文更是尚未成型。

以梵文的名詞和形容詞為例，每個詞有三種屬性，即陰性、中性和陽性，又有八種格：主格、賓格、用格、與格、來格、屬格、位格、呼格。三種屬性再配以八種格，每個名詞或形容詞的變化就會多達二十四種；更不用說動詞等其他辭彙，再加上語句的文法，讓梵文文法變得複雜極了。

空海在學習梵文初期，縱使聰明穎悟如他，一定也會為其繁雜所苦惱。只是，為了深入經藏、求得密法，他一定耐住了性子，用一如既往的勤奮與刻苦，獲得了般若三藏的認可，而學有小成。

或許是為了獎勵空海的勤奮苦學，在學成時，般若三藏將自己所譯的經藏盡數送予了空海。空海歸日之後，曾將自己從唐攜回的佛教經典之目錄，編撰成《御請來目錄》獻給天皇；在《御請來目錄》之中，空海詳細記載了自己與般若三藏的因緣。般若三藏將《大乘理趣六波羅蜜經》十卷、《新譯華嚴經》四十卷、《守護國界主陀羅尼經》十卷以及《造塔延命功德經》一卷和梵夾三口送予空海，並稱：自己少年入道，遊歷五天（五天竺，即印度各地），誓願弘傳佛法；後遊唐國留居於此，亦曾想要乘船跨海赴日傳法，只是機緣未到，未能如願；現在將所譯經典贈予空海，希望空海能將經書帶至日本結緣。毫無疑問，般若三藏的贈書，也是一種對空海的認可與肯定。

【註釋】

註一：遣唐使在中日文化交流史上，發揮了極其重要的作用。古代日本對於唐代文化的學習是全面性、整體性的，是極其廣泛而深入的；甚至可以說，正是有了遣唐使的存在，日本文化雛型的構建才成為可能。

這種文明之間的學習和模仿，涉及日本整體文明建構的各個層面。從文化藝術到科學技術，從經濟建設到律令制度，從器物打造到建築設計，從語言文字到風俗習慣，都對日本的社會發展產生重大影響。

七世紀初到九世紀末的近三百年期間，日本對唐文化的學習與輸入，其強度與廣度，都要遠甚於近代中國對西方文明的學習與輸入。至少，中國還保留了固有的文化傳統與血脈；而一千四百年前的日本，甚至談不上有自己的文化傳統；他們才剛剛建立起城邦與國家，語言與文字都尚在發展中，並未成型，還稱不上所謂文明。彼時的中華文明，卻已經歷了兩千多年的歲月淘洗，在文明發展程度上與日本有著雲泥之別。因此，西元七、八世紀的日本，對於大唐的學習，不只是借鑑與吸收，而是全面地輸入與模仿。對於這個自稱為「大和」民族的種族而言，是文明史上一次前所未有的進化與突進。

註二：〈為大使與福州觀察使書〉原文如下——

賀能啟：高山淡然，禽獸不告勞而投歸；深水不言，魚龍不憚倦而逐赴。故能西羌梯險，貢垂衣君；南裔航深，獻刑厝帝。誠是，明知艱難之亡身，然猶忘命德化之遠及者也。

伏惟大唐聖朝，霜露攸均，皇王宜家；明王繼武，聖帝重興；掩頓九野，牢籠八紘。是以我日本國常見風雨和順，定知中國有聖，刳巨掄於蒼嶺，摘皇華於丹墀。執蓬萊琛，獻昆丘玉；起昔迄今，相續不絕。

故今我國王顧先祖之貽謀，慕今帝之德化，謹差太政官、右大辨、正三品、兼行越前國太守藤原朝臣賀能等充使，奉獻國信別貢等物。賀能等忘身銜命，冒死入海。既辭本涯，比及中途，暴雨穿帆，戕風折舵。高波沃漢，短舟裔裔。飄風朝扇，摧肝耽羅之狼心；北氣夕發，失膽留求之虎性。頻蹙猛風，待葬鱉口；攢眉驚汰，占宅鯨腹。隨波升沉，任風南北；但見天水之碧色，豈視山谷之白霧。掣掣波上，二月有餘；水盡人疲，海長路遠。飛虛脫翼，泳水殺鰭，何足為喻哉？

僅八月初日，乍見雲峰，欣悅罔極。過赤子之得母，越旱苗之遇霖。賀能等萬冒死波，再見生日，是則聖德之所致也，非我力之所能也。又大唐之遇日本也，雖云八狄雲會，膝步高臺；七戎霧合，稽顙魏闕；而於我國使也，殊私曲成，待以上客。面對龍顏，自承鸞綸；佳問榮寵，已過望外。與夫瑣瑣諸蕃豈同日可論乎？又竹符銅契，本備奸詐；世淳人質，文契何用？是故，我國淳樸已降，常事好鄰；所獻信物，不用印書；所遣使人，無有奸偽。相襲成風，於今無盡。加以使乎之人，必擇腹心；任以腹心，何更用契？載籍所傳，東方有國，其人懇直，禮義之鄉，君子之國，蓋為此歟。

然今州使責以文書，疑彼腹心。檢括船上，計數公私。斯乃理合法令，事得道理。官吏之道，實是可然。雖然遠人乍到，觸途多憂。海中之愁，猶委胸臆；德酒之味，未飽心腹；率然禁制，手足無厝。又建中以往，入朝使船，直著陽蘇，無漂蕩之苦；州縣諸司，慰勞殷勤；左右任使，不檢船物。今則事與昔異，遇將望疏。底下愚人，竊懷驚恨。

伏願垂柔遠之惠，顧好鄰之義，縱其習俗，不怪常風。然則涓涓百蠻，與流水而朝宗舜海；喁喁萬服，將葵藿以引領堯日。順風之人，甘心輻湊；逐腥之蟻，悦意駢羅。今不任常習之小願，奉啟不宣。

謹啟。

註三：自上世紀八十年代初始，日本高野山清涼院住持靜慈圓為紀念空海入唐求法，開始重走「空海之路」；經過二十多年的研究論證，終於得出具體的結論。

靜慈圓將「空海之路」大致分為三段：由福建赤岸、福州到浙江江山、衢州、杭州，稱之為「南方線」；杭州到江蘇蘇州、無錫、常州、鎮江、揚州，再到河南開封，稱之為「運河線」；自開封經由洛陽終至西安，稱之為「古都線」。

二〇一八年，靜慈圓大僧正榮膺高野山第五百一十九世寺務檢校執行法印。如今，已近七十七歲高齡的靜慈圓，每年還會帶領日本真言宗的信眾們重走「空海之路」，已堅持三十五年之久。

註四：另一神奇的傳說為，唐順宗見壁上王羲之的書法剝落，召留學僧空海代為題字。只見空海以雙手雙腳握筆，再加上口中也銜著一枝筆，五筆齊落，瀟洒地成了五行大字，令順宗大為驚訝！口頭褒勉之餘，還送了空海一串念珠。從此，「五筆和尚」的故事便流傳開來。

註五：永忠和尚，俗姓秋篠氏，京都人。出生於日本天平十五年（西元七四三年），於弘仁七年四月五日（西元八一六年五月五日）圓寂。自幼出家，於奈良學習經律。寶龜（西元七七〇至七八〇年）初年，隨遣唐使團入唐留學，曾於唐貞元十二年（西元七九六年）委託渤海國使者呂定琳，將他在唐收集到的佛教典籍帶回日本，獻予天皇。空海一行入唐時，他已經在唐留學達三十年之久，而後與藤原大使一行同返本國。西元八〇五年，永忠與最澄成功返航。回國之後，桓武天皇在近江建造梵釋寺，任其為寺主。之後，永忠被封為大僧都。據載，永忠返日後，閒時煎茶為樂。弘仁六年（西元八一五年）嵯峨天皇御幸梵釋寺，永忠親手煎茶奉上，這是日本對煎茶、飲茶一事最早的文字記錄。翌年，將由唐帶回的《律呂旋宮圖》二卷、《日月圖》二卷、律管、塤等物奉獻朝廷。著有《五佛頂法訣》。七十四歲時圓寂。

註六：般若三藏，史載為北印度迦畢試國人，或稱罽賓人，年壽不詳，姓喬達摩。據王亞榮先生考據，般若三藏的本國故里應以北天竺迦畢試國為是。依賴富本宏先生考據，迦畢試國現為喀布爾（今阿富汗首都）北部的 Kohdaman 盆地和 kohistan 南部，般若三藏的生年或為西元七三三年或七三四年。

和以往從印度前來弘法的高僧金剛智、善無畏一樣，般若三藏同樣接受了那爛陀寺全面而深廣的教育，學問廣博。他並且曾遊學南印，從法稱處得授瑜伽教法，入曼荼羅，學習三密、護身、五部教法，並受其灌頂，可謂是融通顯密的高僧。

般若三藏曾誓願周遊各國弘揚佛法。他於唐德宗建中二年（西元七八一年）經由南海諸國，抵達廣州，翌年到達京師長安，並停居在此，開始弘法譯經。此外，還有一種說法就是，般若三藏是為了找尋表兄神策軍大將羅好心，才進入大唐的。般若三藏的母親族姓為羅，其母很有可能是中國和西域胡人的混血兒。由此或可推斷，般若三藏不僅精通梵文，同樣也可能通曉西域地區的胡語。

般若三藏一生中譯出的眾多經典中，最受重視的自然非四十卷《華嚴經》莫屬，此外還有《大乘理趣六波羅蜜經》。早期，般若三藏曾與來自波斯的景教僧景淨合譯出了胡本《六波羅蜜經》七卷；然而，當時般若三藏於波斯語和唐語尚不精熟，而景淨又不通梵文。因此，貞元四年（西元七八八年），德宗又敕命選出利言等九位高僧，與般若三藏聚於西明寺，重譯梵本《大乘理趣六波羅蜜經》十卷。《大乘理趣六波羅蜜經》的第二卷〈陀羅尼護持國界品〉，即有非常顯著的密宗色彩。另外，般若三藏還譯有《般若心經》一卷、《守護國界主陀羅尼經》十卷及《大乘本生心地觀經》八卷。

來自日本的留學僧中，除空海外，靈仙也曾跟隨般若三藏學習過梵文。

第四章　傳承密法

今則授法有在，經像功畢。早歸鄉國，以奉國家；流布天下，增蒼生福。然則四海泰、萬人樂，是則報佛恩，報師德；為國忠也，於家孝也。

印度梵文、悉曇梵字學有小成之後，空海似乎已完全做好了進一步求學密法的準備。入唐已近一年，唐語的溝通障礙也慢慢跨越；只待機緣到來，便能去叩響這長安城中密宗寶庫的大門了。

惠果此刻，則早已在門內等候多時。

初見惠果

初夏的某一天，空海和西明寺志明、談勝一行五、六人，前去青龍寺東塔院，拜訪駐錫於此的惠果和尚。

在此之前，空海原本尚未計畫去向惠果問學；他當時只是在四處打聽消息，等待機緣，對惠果也只是有所耳聞。

跟隨般若三藏學習梵文期間，空海與同住醴泉寺的義智也有過交往，義智便是惠果和尚的得法弟子。在空海入唐之前不久，唐貞元二十年（西元八〇四年），惠果還曾親往醴泉寺，同義智一起築起了金剛界大曼荼羅壇，祈求天降甘霖，般若三藏等大德也都參與其中。

法會之間，惠果手執香爐，口宣誓言：「若我所置尊位如法者，天忽降雨。」當時正值酷暑之際，與會眾僧因天氣炎熱而汗如雨下。惠果話音剛落，天氣陡變，轉眼間便大雨滂沱，清涼倏至，眾人無不驚奇。次年，在醴泉寺求學的空海也許還能看到院中留下的金剛界大曼荼羅壇，也必定會瞭解到惠果和尚的一些相關資訊。

惠果在見到空海時，已是一位年近六旬的老者；再過半年，他將會辭世離去。不過，還為時不晚！真正讓惠果留名後世，被尊為「密宗第七祖」的功業，便是在他人生中最後半年內完成的。他與空海的這次相遇，是中日佛教史上一次歷史性的會見。

但是，這次歷史性的會見，據空海而言，則是出於「偶然」。其實，歷史上許多偉大的必然，都是出於偶然。比如，悉達多太子是因為一次偶然的出行，看到了世間的疾苦而發心出世，才有了偉大佛教的誕生。又比如，玄奘因為偶然聽人談起《瑜伽師地論》，而有了前去天竺取經的發心，繼而才有波瀾壯闊的西行事業。空海的這次偶然，某種程度上而言，也是一種歷史的必然，是中日密宗發展史上必然會發生的一幕。

只是，這必然發生的一幕，在突然而至時，還是讓空海大為驚訝！

據空海記述，惠果乍一見他，便非常歡喜地說：「我先知汝來，相待久矣。今日相見，大好！大好！」

惠果素以法術神通靈妙非凡而稱名於當世，前文所述祈雨之靈驗即為一例；因此，對於未來情勢的預感靈驗自然也不在話下。惠果已是德高望重的三朝國師，他一生弘傳密法，據稱得法弟子有上千之眾，實際上是當時密宗的扛鼎之人。空海去拜訪他時，他應是非常繁忙的。由於新即位的順宗病重不起，惠果作為內供奉的阿闍梨需要時常進宮面聖，為皇帝教授佛法並祈福祛病；除此之外，他還需要處理寺中事務，應接來自各方的弟子、信眾。

但是，即便如此，在見到空海的那一刻，惠果還是當下決定，要盡力、儘快、盡最大可能地向空海傳法。

青龍寺坐落於長安城東南一隅的新昌坊之內，距西明寺大約有七公里；這段距離若以腳力來算，至少需要一個小時。惠果甚至不願讓空海浪費來回一個時辰（兩小時）的時間；在二人見面的當天，他便決定讓空海從西明寺搬至青龍寺，以方便傳法施教。

密宗的法脈，傳至大唐，如今終於要傳到空海手中了！

時下的日本真言宗，對於密宗的傳承素有「付法八祖」和「傳持八祖」之說。從真言密教的繼承法流來看，以教主大日如來再到金剛薩埵、龍猛、龍智、金剛智、不空、惠果、空海等為「付法八祖」。若從真言密教由印度傳至日本的歷史來看，即以龍猛、龍智、金剛智、不空、善無畏、一行、惠果、空海等曾對密宗教法的繼承、傳授、擴充和開演作出貢獻的八位祖師為「傳持八祖」。

八祖中的龍猛，又稱為龍樹；據傳，最早現於世間的密宗經典，就是由龍樹從南天鐵塔之中取出。龍樹經數百年傳至龍智，之後又經數百年傳予了善無畏和金剛智。

在中國歷史上，善無畏、金剛智和不空一起，被稱為「開元三大士」。三人在開元年間入唐，之後譯經、收徒、弘法，開創了中國歷史上佛教大乘八宗之一的「密宗」。

善無畏最早入唐。西元七一六年，他從印度中部的那爛陀寺出發，翻越雪山，跨過大漠，抵達長安。那時，唐玄宗三十一歲，正是意氣風發的年紀，而善無畏已是年過八旬的老人。西元七二四年，善無畏在一行禪師（註一）的祈請之下，於東都洛陽的大福先寺譯出《大日經》；《大日經》的翻譯，實際上是在善無畏和一行禪師共同合作下完成的。隨後，一行又根據善無畏的講述，著成《大日經疏》。

一行禪師透過《大日經疏》，將密宗文獻中最核心的思想，賦予了中國佛教的氣質，將印度密教與中國佛學的隔閡打通，進而建立起了較為系統化的密宗思想理論。

金剛智入唐則是在善無畏之後的西元七一九年。他從南印出發，攜一眾弟子，經斯里蘭卡、印尼等東南亞諸國，跨過南海而抵達廣州，並於次年進入長安。很有可能，金剛智是在入長安之後收不空為徒的。西元七二三年，同樣是受一行的祈請，金剛智在長安的資聖寺譯出了《金剛頂經》。

密宗的兩部根本經典《大日經》和《金剛頂經》，在西元七二四年前後譯出傳世。這兩部經典所描述的世界，又可分別具象為「胎藏」曼荼羅和「金剛界」曼荼羅。（註二）密宗認為，宇宙眾生、器、非器世間，皆從大日如來化現而出；而金、胎二部則分別代表了大日如來的智和理，二者相互融攝，缺一不可。金、胎二部的教理、修行體系的建立，為密宗的成立奠定了根基。

善無畏、金剛智和一行，作為密宗的祖師，或可以稱得上是漢傳佛教密宗的創建者；而真正將密宗發揚光大的則是不空。

關於不空的身世，千年以來一直眾說紛紜，一說他出生於北印度，後跟隨舅舅經西域入唐，先居武威，之後才入長安。不空剃度出家後，追隨金剛智學習密法。西元七四一年，先師金剛智圓寂之後，他又帶領弟子經廣州渡南海，至獅子國（今斯里蘭卡）求取密法。他從普賢阿闍梨處盡得了金、胎兩部密法的奧旨，之後攜回大量梵夾經卷回到長安，開始以密宗領袖的身分，一邊譯經、一邊弘揚密宗。

胎藏曼荼羅（日本京都東寺藏，引自維基百科）

金剛界曼荼羅（日本京都東寺藏，引自維基百科）

不空的弘法經歷，不像其前輩那樣一直受到皇室的關懷與支持。他曾因受到貪官劉巨鱗的牽連而被玄宗冷落，被強制遣返回國；他在韶州蟄伏四年之久，潛心譯經，不再公開活動。之後，在名將哥舒翰的幫助下，前去武威弘法，才使得弘法活動重現生機。回到了長安之後，安史之亂爆發，天下易主，肅宗即位，不空才又重新受到重視。雖然大唐因安史之亂盛極轉衰，密宗真正的弘興卻是在安史之亂後的代宗一朝。

代宗本人深信佛教，且對不空極為推崇；不空借助皇權的力量，真正將密法發揚光大。他在代宗朝的影響已遠遠超越了密宗一派的局限，實際上成為了當時整個中國佛教界的領袖；也正是在不空的推動下，漢地才真正建立起深厚的文殊菩薩信仰。

不空一生收徒數以千計；不過，他在自己的遺書之中明確地寫下了得其金、胎兩部法脈的七人名字，這七人之中便有惠果。只是，不空還在這七人之中指定了正統法脈的傳持者，即慧朗；但是，不空圓寂之後，未出幾年，慧朗不幸英年早逝。再之後，惠果便逐漸承擔起延續密法的大任。

惠果生於西元七四六年，是長安本地人。童年出家，隨曇貞研習大乘經典。十七歲時，隨曇貞入皇宮中之內道場，顯露才華，受到了不空的賞識。不空將金剛界密法盡數傳於惠果；之後，惠果又從善無畏弟子玄超處得到了胎藏及蘇悉地（susiddhi，意為「妙成就」）諸法的傳授。在盡得金、胎二部大法之後，經過多年涵泳，惠果開始宣導「金胎不二」的觀念，主張將金、胎二部進行融合、會通。在這一點上，空海在未來的密法弘傳中，也忠實地繼承了先師遺法。

惠果駐錫於青龍寺東塔院，他作為灌頂國師，需要常年出入於宮中之內道場為皇族祈福、為國家祈運。西元八〇五年的這一年，法力高深、靈感廣大的惠果和尚，他應該知道，順宗皇帝將命不久矣；雖然年未過半百，但陽壽怕是不足一年了。與此同時，他也知道自己或將大限；而他一直在等的那個東瀛僧人，這時終於來了。或許，這個叫空海的年輕人，才是千年後讓中國密宗法脈得以真正延續的傳薪者。留給他的時間不多了；因此，他才會迫不及待地想要對空海傾囊相授。

師事惠果

報命欲竭，無人付法；必須速辦香花，可入灌頂壇。

空海如是記述了惠果當年的言語。從這短短的幾句話中，我們也能感受到惠果的傳法心情，是那麼地迫切。

按照密宗的傳法次第，在入灌頂壇學法之前，必須先受三昧耶戒。（註三）三昧耶戒受完之後，當年的六月上旬，空海便入學法灌頂壇，受胎藏灌頂。學法灌頂又名受明灌頂或持明灌頂；其中的一個環節，便是在胎藏曼荼羅前投花，此花落至曼荼羅中哪位本尊像處，便可得授這一本尊的印契、真言和相關的修法，這一作法也被稱為「投花得佛」。如若將花投至壇外，則會失去進一步修法的資格。

空海先入的是胎藏曼荼羅灌頂壇。入道場前，須先蒙眼，手結印契，口誦真言，由阿闍梨引至胎藏曼荼羅壇前，之後如法地將花投出。空海投到的是位於胎藏曼荼羅中央之中台八葉院中心的毗盧遮那佛，亦即大日如來、密宗教主、一切諸佛之本尊。毫無疑問，這是極為殊勝的，惠果對此再三讚歎道：「不可思議！不可思議！」

密宗中人，一般來說，上根利器之人方能得入曼荼羅壇場，而能夠得胎藏界密法灌頂者更是少之又少了。入壇之後，進一步的投花得佛，為的是尋找與自己相應之本尊。空海投得大日如來，意味著空海本人與大日如來相應，會得到大日如來的一切教法，那更是極為稀有、殊勝非凡的。

投花得佛之後，將繼續舉行灌頂。灌頂本是印度固有的儀式，在古印度國王的即位儀式上，授灌頂者會將從四海收集來的水灌注於國王的寶冠之上，以此象徵國王權傾天下、執掌四方。

密宗灌頂所用淨水又稱「閼伽水」；閼伽是梵文 Argha 的音譯，可譯為功德水。只是，密宗之中，灌頂之功德法水象徵的是密教中的法界體性智、大圓鏡智、平等性智、妙觀察智和成所作智所成的「五智之水」。

用五智水灌頂之後，便是關於本尊真言、印契和相應教法的具體傳授了。所謂三密相應，即於「身」，手結本尊印契；於「口」，口誦本尊真言；於「意」，觀想本尊及曼荼羅境界。進而通過深入的修習，達到與本尊相應契合，最終進入「入我我入」、與本尊不二的境界。這種境界，必須透過導師阿闍梨的引領、教授和加持之下才能完成。

空海在入壇受完灌頂之後，接著用了一個月的時間，跟隨惠果學習胎藏界的具體修法儀軌、以及胎藏界個別諸尊的具體修法。

胎藏界密法學完之後，空海於七月上旬又入金剛界大曼荼羅灌頂壇，得授金剛界五部灌頂。灌頂之前的投花得佛，空海又一次投中了曼荼羅中心的大日如來。惠果又一次再三讚歎道：「不可思議！不可思議！」兩次大法灌頂中的投花得佛都投中大日如來，這是歷來稀有之事，也再次證明了空海與本尊大日如來有著極深的緣分。

金剛界灌頂儀式結束之後，與之前一樣，空海又用了一個月的時間，學習金剛界密法。金剛界共由五部構成，即佛（如來）部、金剛部、寶部、蓮花部、羯磨部。（註四）這五部中的諸尊分別有各自的真言、手印、觀想等修法儀軌以及相關的梵字、梵贊等，內容紛繁複雜，而法義又幽邃深奧。對於空海而言，必然又是一次艱巨的挑戰。

這兩個月的時間，一定有著極為密集的教理和儀軌的傳授。後世真言宗的僧人，將空海歸國後所傳教法，萃取其主要修法的精華編為《四度加行次第》，一直傳承至今。所謂「加行」，梵語 Prayoga，即是指為了進入高階段的修行，而努力精進地準備。「四度」，是指密宗修行者為進入傳法灌頂壇，成為傳法阿闍梨之前，所必須要進行的四個階段的修法，亦即十八道法、金剛界法、胎藏界法和護摩法。（註五）

直到今日，真言宗僧侶在一百天的加行期間，仍然需要夜晚九點就寢，凌晨三點起床。加行期間，三點晨鐘響過之後，便開始了一天之中強度極大的修法和學習。這加行的一百個日夜，無論對於傳授者還是學修的瑜伽行者而言，都是智力、體力和精力上的極大考驗。

一千二百年前的惠果和空海，在短短的兩個月之內，一位是必然盡己所能地傾囊相授；一位是竭盡全力地接納學習。好在空海天資過人，記憶超群，悟性上更是言一而知十。惠果的俗家弟子吳殷曾讚歎道：「今有日本沙門，來求聖教，以兩部祕奧、壇儀，梵漢無差，悉受於心，猶如瀉瓶。」由此可見，空海在學法期間，一定付出了極大的心力，以求盡可能完整地學得密法。

空海在盡學了密宗金、胎兩部根本大法之後，則算是登堂入室，真正得入密藏寶庫了。惠果在兩月間極為密集的傳授中，一定將其畢生之所學、所悟之精要都傳予了空海。從歷史上來看，空海毫無疑問是得授惠果兩部密法的最後一個弟子。這兩個月的傳授，對於惠果也意義重大；在他而言，這或許關係著一個國家密法弘傳的興衰；他很清楚地知道：自己座下，這個向自己頂禮受法的僧侶，在未來將會是日本國真言宗弘興的開山祖師。

八月上旬，空海終於接受了傳法阿闍梨灌頂。「傳法阿闍梨」，顧名思義，即繼承兩部大法後、擁有傳法資格的阿闍梨。（註六）成為傳法阿闍梨的空海，擁有延續法脈的資格，可以在回國後名正言順地弘傳金胎二部密法。

惠果在灌頂儀式上授予空海「遍照金剛」的名號；所謂「遍照」，即為毗盧遮那（Vairocana）的意譯。「遍」者，理遍法界如如之妙體也；「照」者，智光照耀難思之妙用也。這也意指，空海之本尊便是毗盧遮那佛、大日如來，也象徵空海得到了來自大日如來的正統傳承。

惠果門下弟子有上千之眾，真正得到金剛界、胎藏界大法的人則寥寥無幾；毫無疑問，只有堪當大任者才能被選中。據記載，得到惠果傳承的共有六人；其中，訶陵國（古南海國名，位於印尼爪哇北部）辨弘與新羅國惠日僅得到胎藏界密法之傳承，劍南惟上和河北義圓則得獲金剛界密法之傳承。真正俱得金、胎兩部大法傳承的僅有兩人：一是青龍寺的義明，另外一個便是空海。

其實，青龍寺中還有一人名為義滿，曾經也盡得兩部大法的傳授，只是不幸英年早逝了。

作為一名外國僧侶，拜入惠果門下時間又是如此短暫，空海憑什麼能得兩部大法的傳授呢？金、胎兩部大法何其珍貴，真正俱得兩部大法的漢地僧人當時也只有青龍寺義明一人而已。這個新來的年輕東瀛僧人，在短短三、四個月時間內便成為了傳法阿闍梨，難免會讓其他人心生不滿、嫉妒甚至惱恨。

據空海在〈御遺告〉中記載，當時確有一位叫做珎賀的僧人，為此提出抗議。珎賀是善無畏門人順曉阿闍梨的弟子，他直接質問惠果：「您有眾多的弟子，在您身邊常年累月地精進修行，出類拔萃者不在少數；但是，您竟然將兩部大法傳授給一個外國來的、沒有任何教法基礎的僧人。這是為何？」

惠果當下並沒有理會珎賀的質問；珎賀見狀，憤然起座，直接離開了。不料，次日一早，珎賀便跑來向著惠果和空海跪下三拜，並表示願為昨日不當的言行深刻懺悔。原來，他昨晚夢到四大天王將他強烈地訓斥了一番，呵斥他出言埋怨空海受法一事；他對此又驚又恐，待到天一亮，就匆忙跑來向二人懺拜了。從此以後，再也無人質疑空海接法的正統性了。

空海在得傳法阿闍梨位後，向惠果供養了袈裟、雜寶、手爐以及五百貫錢。所謂財法供養，等無差別；在接受灌頂之後，用法具、財物等供養阿闍梨以作謝禮，也是當時之常規。當時，一千枚一文錢稱之為一貫；因此，五百貫錢可謂是相當大的一筆數目。除此之外，空海還設辦五百僧齋——同時宴請五百位僧人用齋，以表示慶賀與答謝，這同樣需要花費大筆金錢。

佛門自古即有「密富、禪貧、方便淨」之表相上的說法。密宗有遠比顯教規模龐大的諸尊聖眾，密宗金、胎兩部曼荼羅中，有上千尊佛、菩薩、明王、天眾等諸尊；若修行這些諸尊法，各尊都需要造像、畫像，耗費彌多。此外，作法還需要建立壇城、製備法器，所用器物金碧華煥、俱是寶物。一種相對來說較為簡易的單尊修法，就需要至少二十幾種法器，而修護摩法更需要上百種。密宗法器對於黃金還尤為鍾愛，法器大都金光閃閃、流光溢彩，需要用上好的黃金來鍛造，或至少以銅為體、外覆以鎏金。毫無疑問，弘傳密宗需要強大的財力支撐。

所以，空海在獲得傳法阿闍梨之後，還需要置備整套的法器、曼荼羅、經書等修法和傳法所必備的資具，惠果則在置辦資具上給予了傾力協助。身為三朝國師，他更是充分調動了自己在皇室中的資源，以為空海歸國籌備。在惠果緊鑼密鼓地籌謀置辦下，很短的時間內便為空海備齊了傳法資具，花費了巨大的人力和物力。（註七）

空海將數量龐大的種種物品盡數帶回日本。之後，他將這些經卷、法器、曼荼羅尊像等，或呈獻天皇，或傳授於門人弟子，部分完整保存至今。

在無形之教法與有形之資具全部置備完成之後，無論空海還是惠果，應該都鬆了一口氣。惠果人生中最後的任務似乎已經圓滿完成了，他平靜地等待著生命終點的到來。

惠果入寂

青龍寺東塔院的牆壁之上，繪滿了絢麗奪目而又神祕詭譎的密宗曼荼羅和諸尊繪像，與漢唐固有的壁畫繪風截然不同。

唐元和元年（西元八〇六年）九月，長安城中秋陽高照，街頭巷尾中黃澄澄的柿子綴滿枝頭，與金色的銀杏相映成趣，天地之間，一片暖意。時任國子監博士的著名詩人韓愈，借此秋興，踏訪了青龍寺。

他細細地觀察了東塔院牆壁之上神祕莫測的曼荼羅和諸尊繪像，頗受震撼，並題寫如下詩句：

光華閃壁見神鬼，赫赫炎官張火傘；燃雲燒樹大實駢，金烏下啄赬虯卵。

魂翻眼倒忘處所，赤氣沖融無間斷；有如流傳上古時，九輪照燭乾坤旱。

密宗裡的明王形象，確如他詩中所述一般氣勢雄渾；他之前或許未曾見過如此氣焰的佛教圖像，因而才有如此震撼的反應。

這些尊像，就是惠果生前命人繪製的。而就在韓愈踏訪青龍寺的前一年之十二月十五，這位預知時至的高僧，結跏趺坐，手結大日如來印契，安然入寂；終年六十，戒臘四十。

惠果在入寂之前，便已將生前諸事打點妥當；其中，他對人生中這最後半年每日與之朝夕相處的親傳弟子空海，尤為關切。他為空海特別留有遺誡：

> （前略）如今此土緣盡，不能久住。宜此兩部大曼荼羅，一百餘部金剛乘法，及三藏轉付之物，並供養具等，請歸本鄉，流轉海內。才見汝來，恐命不足；今則授法有在，經像功畢。早歸鄉國，以奉國家；流布天下，增蒼生福。然則四海泰，萬人樂；是則報佛恩，報師德，為國忠也，於家孝也。義明供奉，此處而傳。汝其行矣，傳之東國。努力！努力！

從惠果的遺言中，能夠清晰地看到他對空海之殷重期待。遺誡中言明，青龍寺義明將在大唐繼續傳承密宗法脈；而密法傳至日本的重任，則完全託付給空海。「努力！努力！」惠果生命中的最後鼓勵，如此地親切、樸實。

惠果入寂後，空海專為恩師撰寫了碑文；文中，空海還記錄了一則頗為神異的故事——

在惠果入寂的當夜，僧眾雲集於東塔院中，為其助念。句句寶號、聲聲真言，高古而遼遠，傳達著真切的哀慟與悲願。被悲傷籠罩的空海，突然清楚地看到惠果真真切切地立於身前，對他說道：

「我與你有宿世因緣，多生之中共起誓願要弘演密藏。你我二人，生生世世互為師徒，並非只有今世。今生，你來大唐受我所傳密法，如今授法完成，我已滿願；來生我將生於東瀛，向你求法。如今你在大唐莫要久留，我已先行前去東瀛，待你歸來。」

二人之間的師徒因緣，的確不可思議，自不可用常情計之。惠果在人生中最後半年裡，用三個月的時間為空海灌頂，傳授金、胎兩部大法；事畢之後，又用去三月，為空海置辦歸國傳法的各類資具。半年之後，待授法圓滿、資具置備齊全，他亦功德圓滿，安然入寂。在常人身上似乎難以抗拒的天命，於惠果則像是一切都已了然於胸一般，如此地遊刃有餘、瀟脫飄逸！

空海亦來得真是恰到時機！如若再遲半年，怕是後世再難有東密開山之祖弘法大師；而惠果之名，也難為後人所熟知了。

惠果於唐元和元年正月十七日，葬於長安城北邙。

這之後，空海將又面臨對未來道路的抉擇問題。他是選擇繼續留下求學，還是如惠果遺誡所言的儘快回國呢？在那段悲痛、猶疑的時間裡，空海應是處於舉棋不定的兩難困境。

決意回國

西元八〇五年十二月末，惠果圓寂後不久，新一任赴唐使節高階遠成的到來，徹底打亂了空海的心緒，讓他本就已經萌動的歸國心意愈加熾盛起來。

這次日本派來的遣唐使團，並不是一次大規模的、正式的遣唐使團。團員人數不多，僅乘一艘船前來；只是，這艘船倒頗有來歷。

此船正是當年空海所加入之遣唐使團所乘四艘船中的第三號船。原來，這四艘船於西元八〇四年的七月六日，從日本最西端的田浦港出發，次日夜晚遭受暴風雨侵襲之後，空海和最澄所乘的一號船和二號船躲過一劫，四號船再無蹤影。本以為三號船也同四號船一樣已葬身海底；沒想到，三號船並未被風浪掀翻、吹散，同樣躲過一劫。

三號船由遣唐判官三棟今嗣統領指揮。在當晚遭受強烈的風暴吹襲之後，他們漂到了一座孤島上，所乘之船擱淺於岩礁，僅有三棟今嗣和幾名射手等人倖免於難。之後，他們重新起航，切斷纜繩，任船漂流。船入海不久，三棟今嗣發現，本來所攜之國家信物已不知於何時遺失了；再繼續前行也沒有意義，他們便放棄了遠航的任務，返回日本。之後，因為丟失信物並放棄遣唐任務，三棟今嗣還受到朝廷的懲罰。

不過，三號船的出航任務雖然失敗了，但船並未被棄置。

在遣唐大使藤原葛野麻呂等人安全歸國之後，遂向朝廷上報：在唐期間，德宗崩逝，新帝順宗業已即位。按照慣例，新帝即位，作為友邦之國，是一定要攜禮前去朝賀的；這一任務，便落到了具有正五位上官階的大宰府大監高階遠成肩上。他繼而出任新的遣唐判官，帶領一行人乘著重新修繕好的三號船前去大唐。除此之外，這次的赴唐，某種程度上也是對當初三號船未能如期赴唐之缺憾的彌補。

西元八〇五年七月四日，遣唐判官高階遠成一行從肥前國松浦郡之庇良島出發，向大唐駛去。

就在他們航行途中，大唐的朝堂之上又有了新的動向。當年八月，順宗因久患重病，無法處理朝政，同時又擔心自己命將不久，便提前禪位給太子。當高階遠成一行人於十二月末抵達長安時，在位的皇帝已是憲宗了。

高階遠成在長安見到空海時，空海還處於惠果猝然離世的悲痛之中。空海從高階遠成那裡應該得知了藤原大使等人安全回國的消息，心中甚感欣慰，高階遠成也應該會將日本國內發生的種種變化告予空海。與此同時，他的到來，也必然激起了空海強烈的歸國意願。

且不論惠果的遺誡與囑託；空海前來大唐，其主要任務便是求得密宗的根本大法；如今入唐西京一年，他已經極其幸運地獲得了金、胎兩部根本大法的傳授。因此，就密法的求學而言，他已經完成了此次前來大唐的任務；更何況，這次遣唐判官的前來，對他而言是個極好的機會。

無論是當時的空海，或是大唐國人，抑或是日本的朝廷，都不知道下一次的日本遣唐使團何時會再來大唐，前輩永忠就是等了三十年才有歸國機會。當時的空海已經三十三歲，如果再過三十年便已是六十六歲；依照當時人的平均壽命，他也很可能活不到那個年紀而終老於大唐了。

歷史事實也正是如此。下一次正式日本遣唐使團的到來，是三十三年後的西元八三八年；空海則圓寂於西元八三五年，終年六十一歲。空海如若留在大唐，的確是等不到下一次遣唐使團到來了。

由此可見，空海做出的歸國選擇，是極其正確且意義重大的。這其中的因緣，再一次印證了惠果預言的準確性。

做好歸國的決定之後，空海還面臨著來自唐日雙方朝廷的雙重壓力。因為，兩方朝廷都有明文規定，作為留學僧需要在唐學習滿二十年方可回國。大唐這邊若通過申請，自然是可以放寬限制；但歸國之後，日方朝廷則會有「闕期之罪」的判罰。因此，即使單方面獲得了唐王朝的同意，依然面臨著日本朝廷治罪的風險。

即使如此，空海也絕不想放棄這次絕佳的回國機緣；於是，空海向大唐朝廷上書，申請提前歸國。他在申請文中言明：自己在長安期間跟隨般若三藏等人學習梵文和佛典，並隨惠果阿闍梨得入胎藏和金剛界兩部大曼荼羅，盡受兩部大法傳承。傳法期間，廢寢忘食、夜以繼日地研讀和抄錄金、胎兩部根本經典，得以探入佛法之深密奧賾，終有所獲，且已周全置辦傳法之種種資具。無形之法與有形之具盡皆完備，只待朝廷恩准，便可歸國弘傳密法，造福蒼生。

除卻自己的上書申請外，空海還替留學生橘逸勢代筆，申請一同歸國。作為留學生的橘逸勢，按照既定計畫本應先通過考試、進入長安的大學，入學之後則專門學習文學、歷史和地理等科以備回國之用；但是，橘逸勢因為唐話不夠精通，因而難以通過考試，這一計畫也就隨之擱淺。不過，橘逸勢雖未入大學，但其本人博學多才，為人豪邁不羈，因而與長安文人名士多有交遊，得到了「橘秀才」之稱謂，倒也不是一無所獲。

橘逸勢急切想要回國的另一個重要原因是，他的留學資費已經瀕臨告罄。其實，空海也面臨同樣問題；為求法呈獻謝禮、籌辦僧齋，之後又置備傳法資具，耗費彌巨，帶來的錢財已所剩無幾，難以支撐接下來的留學生活。

二人的申請呈交於朝廷之後，很快便得到了應允。此時，尚在長安求法的還有靈仙（註八），他卻不願歸國。

靈仙在往後的留學生涯中，於佛法弘傳、譯經方面功績卓著，曾被大唐朝廷封為三藏法師，這是日本留學僧中從未有人獲得的殊榮。靈仙後赴五臺山朝禮，於金閣寺居住兩年，最終也未能回歸故土；在唐留居二十餘年後，遷化於五臺山靈境寺中。

在獲得歸國的申請之後，空海便為歸國而積極籌備，搜尋可帶回國的佛經、書畫、經集以及種種於日本國有益之物；與此同時，他還需與結交的師友一一告別，這期間自然少不了相互的詩文贈予。

空海與遣唐判官高階遠成一行，於西元八〇六年的二月初離開長安，前往明州。離別之際，青龍寺義操曾賦詩贈予空海：「同法同門喜遇深，遊空白霧忽歸岑；一生一別難再見，非夢思中數數尋。」其詩流傳至今。

義操亦是惠果門下弟子中的翹楚；十數年後，也被尊為國師，受到朝廷很高的禮遇。義操之再傳弟子義真，則是為三十三年後來唐求法的日本留學僧圓仁傳授密法的導師。從這一點來看，義操與日本僧人倒是頗有緣分。

空海一行人，於當年的三月下旬到達越州（今浙江紹興）。越州與明州相距不遠，大概二、三日的行程，是日本遣唐使團赴明州的前站，在當時是頗為繁華之地。西元八〇五年，藤原大使、永忠和尚等人離開長安之後，在朝廷派遣的內史王國文護送下，羈旅顛簸一月半餘，於三月二十九日抵達越州永寧站。之後，王國文履職完成，與遣唐使團告別，回京述職。之後，遣唐使團則由當地使者護送，繼續前往明州。由此我們可以推測，空海一行從長安至越州的行程裡應該也有朝廷派遣的中使負責護送。

或許正是在中使的引薦下，空海才能結識越州當地的節度使。空海特地向越州節度使呈上書狀，申請在越州當地收集在長安無法搜羅到的儒、釋、道經典以及詩賦、碑銘、卜醫等廣泛領域的書籍。這是關乎兩國文化交流的大事，對於大唐文化的弘揚傳播自然有益，亦能造福日本國眾，節度使自是欣然同意，並給予大力幫助。

空海一行在越州停留數月，在此期間，全團都在盡力搜尋可帶回國內的書籍。這次的書籍搜索成果豐碩，法藏所撰華嚴宗著名論書《金獅子章》便是空海在此期間搜集並傳至日本的。

佛經在當時並不於市場上流通；因此，欲求得佛經，仍需在寺院中尋請。越州當地有一著名寺院龍興寺。這座古剎不僅讓空海收穫頗豐，對於與空海同來大唐的前輩最澄更是意義重大。

一年前，作為遣唐使前來的最澄和侍者義真，即在越州龍興寺跟隨天台宗十祖道邃大師學習《摩訶止觀》等天台論疏，之後又往天台山參學。重歸龍興寺之後，最澄在寺內遇到了來自泰岳靈巖寺的順曉阿闍梨。順曉有著密宗一系的正統傳承：他師從新羅僧義林，而義林則直接師承於善無畏三藏。最澄向順曉祈請傳法，順曉便於龍興寺為最澄灌頂，並向其傳授了三部三昧耶的契印、真言等密宗修法儀軌，以及法器、經書、圖卷等修法資具。

最澄留學大唐，本來是想求學天台宗法義，未曾想竟然得遇順曉阿闍梨，深感機緣難得，因而便發心學密，以期歸國弘傳。最澄在越州抄錄、收集到密宗經卷有一百一十五卷，歸國之後兼弘天台與密宗，將二者融通匯合並進而創立了「台密」一門。

再說回空海。他在越州期間也前去參拜了作為當地名剎的龍興寺，他在該寺也一定會聽聞寺中僧人說起一年前順曉曾在此傳密法於最澄之事；他會為最澄感到高興，也為紹續密種有了同行之人而感到欣慰。空海在龍興寺尋購了一百五十餘卷的佛教經論，亦可謂滿載而歸。

西元八〇六年八月，空海、高階遠成、橘逸勢等遣唐使團一行，從越州前往明州，並由明州港乘船出發，開啟了歸鄉之旅。

在明州啟程之時，空海面朝大海，向空中擲出一支三鈷杵；多年之後，空海在登臨高野山時又找到了這支三鈷杵。（註九）因此，空海便將自己終身修法的道場選在高野山，後世才有了高野山真言宗一派。

遣唐使團的船從明州出發，如若一切順利，一直向東航行，便能夠順利抵達日本本土。只不過，船上的每一個人都知道，在船真正離岸的那一刻，他們將再次生死未卜。

自西元八〇四年七月始離開故土，如今已兩年有餘。從最初離港的那一剎那，在經歷海上風浪之生死磨難後方抵達大唐。之後，又遭到邊境官員的冷落與逼難，待大唐帝國真正打開它的大門，已近嚴冬。入長安之後，境遇才真正好轉起來。因為受到大唐朝廷的禮遇、庇護以及前輩的悉心指導，加上自身天賦異稟、聰敏過人，空海才得以順利地投入般若三藏和惠果阿闍梨門下求學、求法。這其中，他與惠果的奇妙因緣，尤為讓人感到不可思議。

作為一名異國弟子，他在短短的三個月之內，便獲得了絕大多數人終其一生都難以獲得的金剛界、胎藏界兩部密法，並得授傳法阿闍梨位。惠果在將密法盡數傳於空海，又為其備足傳法資具之後，驟然離世。可以說，空海盡得了惠果一生中最後的餘暉。如此機緣，不得不讓人感歎，他是何其幸運！

空海能夠獨步千古，成為日本真言宗開祖，除了他絕高的天賦與超乎常人的精進努力之外，或許也離不開這種宿世修來的幸運。空海得遇惠果，得授兩部大法，縱觀其一生，可稱得上是他所經歷過的最幸運之事。在唐所獲得的一切教法，為他成就今後一生的事業奠定了基礎。

安坐於返航之船上的空海，恰似鋌險入寶山，歷經千難萬險，終於滿載而歸的探寶之人。

現在，他只待順利返航，之後便可大擂法鼓、獅吼東瀛，散密法之寶藏於本國人民了。

【註釋】

註一：一行禪師（西元六八三至七二七年），俗名張遂，法號敬賢，號大慧禪師。也稱為沙門一行、一行阿闍梨，唐人又呼為「一公」，乃唐初淩煙閣二十四功臣之一張公謹的後世族人，唐代著名佛經翻譯家、佛學家和天文學家。曾參與《大毗盧遮那成佛神變加持經》的翻譯工作，並作註疏，奠定了唐代密宗的理論基礎，為真言宗「傳持八祖」之第六祖，同時又兼弘天台宗、北宗禪與律宗教義。除佛學外，他還深諳儒學、算學、曆法、天文學以及易學。曾編撰《大衍曆》，是歷史上以科學方式測量子午線長度的第一人。

年約二十四、五歲時，遇普寂禪師在嵩山弘揚禪要，深受感動，便禮普寂為師，落髮出家。因為深入「一行三昧」，故法名「一行」。後移居荊州當陽玉泉寺，依悟真律師學律典，摘要律部經論所有要文，集為《攝調伏藏》十卷，並親自註釋。又曾至浙江天台山國清寺從一位隱名大德學習算術，內外學造詣更深，名聲更為遠播。

開元五年（西元七一七年），唐玄宗請其入朝整理曆法，其主持修編的《大衍曆》，為中國古代最優秀曆法之一。在一行的勸勉和協助之下，善無畏翻譯出《大毗盧遮那成佛神變加持經》，一行因此師事善無畏、金剛智，受金剛智祕密灌頂。由其筆錄編纂而成之《大日經疏》二十卷，至今亦為密教界所重視。

一行又與梁令瓚同制黃道遊儀和水運渾儀。較之以往的天文器具，黃道遊儀不僅能夠測得日、月、五星的運行，還可確定它們本身軌道上的位置；水運渾天儀則不但能顯出日、月進行的規律，而且可以自動記時，堪稱史上最早的自動計時器。

一行在天文學上的另一項貢獻就是關於子午線測量的工作。他主持測量了北至鐵勒（今蒙古國烏蘭巴托西南喀拉和林遺址附近）、南到交州（今越南中部地區）共十三個地點的日影和北極星高度，其中還測量了河南四個地點的距離。這是中國歷史上第一次大規模的地理測量，推翻了「日影千里差一寸」的傳統說法。一行禪師因其於天文學上之成就，與張衡、祖沖之、李時珍被並稱為中國「四大科學家」。

一行是傳承胎藏、金剛兩部密法的大阿闍梨，在中國佛教史上的地位極為重要；可惜他積勞成疾，四十五歲時便圓寂。唐玄宗親撰〈御制大慧禪師一行碑銘〉以記其行狀。

註二：胎藏曼荼羅與金剛界曼荼羅同為密教之根本曼荼羅，共顯諸佛理智之體性，示眾生色心之實相。

曼荼羅，梵語 Maṇḍala 之音譯，意為「蘊本質之物」，或稱「得真髓之物」；從宗教的語境來講，可理解為「悟得圓滿正覺之物」。因其有「圓滿」之義，故在中國被意譯為「輪圓具足」，指圓滿具備佛之一切功德。胎藏曼荼羅，具名大悲胎藏生曼荼羅（Mahā karuṇā garbhodbhava maṇḍala）。所謂胎藏，可以「胞胎」、「蓮花」二喻理解。如母胎孕育胎兒，此喻眾生本具之菩提心含藏於法身理德之中攝持萬法；而大悲萬行亦可增長菩提心，出生攝化方便，故云大悲胎藏。又，因蓮花之種雖在堅殼之中，卻已宛然具足枝、條、花、葉之性，此喻「菩提心為因」；此蓮花種子初生花苞時，葉藏蓮臺果實，日夜滋榮須蕊，此喻「大悲為根」；蓮華正開敷時，則喻「方便為究竟」。大悲胎藏生者，《大日經疏・卷五》云：

> 菩提心為因，大悲為根，方便為究竟者，即是心實相。華臺大悲，胎藏開縛，以大悲方便現作三重普門眷屬；以是義故，名為大悲胎藏曼荼羅也。

大悲胎藏亦可指佛陀之三密無盡莊嚴妙行，以及行者自身所具無盡莊嚴藏；而若以圖繪表示《大日經》要義，則稱之為曼荼羅。在現圖胎藏曼荼羅中有十二院，分別為中臺八葉院、遍知院（佛母院）、持明院（五大院）、觀音院（蓮華部院）、金剛手院（金剛部院或薩埵院）、釋迦院、文殊院、地藏院、除蓋障院、虛空藏院、蘇悉地院（古稱四波羅蜜院）與最外院。其最中央八葉院畫有八葉蓮花，中心蓮臺上為大日如來，八葉上有四佛及四菩薩，分別表示大日如來的四智、四行，總稱「八葉九尊」，為胎藏曼荼羅之根本。

金剛界一詞的梵語為 Vajra-dhātu。Vajra 是世間最堅實之寶，故用以表顯如來之智；Dhātu 則有界、體、身等差別諸義。相對於胎藏之理，此以金剛智為境界，故稱為界；又智表決斷差別義，故稱為界；實智之體，亦稱為界。大日如來即以此智為身，故稱金剛界如來。

現圖金剛界曼荼羅則有九會，「會」字乃為曼荼羅之別稱。以中央為成身會，向下依次順轉即為：三昧耶會、微細會、供養會、四印會、一印會、理趣會、降三世羯磨會以及降三世三昧耶會，此為從果向因的順序，如說大日如來垂跡為應、化等身，以化濟眾生。若逆而上轉，即從因向果，表示菩薩修證之過程，或顯真言行者斷惑除障、開發心地之次第。此九會內容皆依《金剛頂經》而來。

註三：漢傳佛教密宗裡，所謂三昧耶戒的傳授，一般作為深入學習密宗教理和儀軌之前，以結緣和許可為目的，對求法者進行的灌頂儀式。無論是出家僧侶，抑或是在家信徒，若想要深入密宗教法，都必須通過三昧耶戒的灌頂，之後才可以獲得學習資格。梵語三昧耶（Samaya），有「約束」和「契約」的含義；三昧耶戒即是與佛陀締結契約的一種戒律，又或稱為「密教的誓約」。

三昧耶戒又名「平等本誓戒」，意謂與佛平等誓願。所以，三昧耶戒的核心在於，認識到我心、佛心與眾生心三者本質上並無根本差別，從而立誓持此絕對平等的觀念，並以此為戒，時時刻刻、心心念念地恆常持守。除了平等、本誓的含義之外，又有除障、驚覺等義。

若依《大日經・具緣品》記述，則有四重戒，即：不應舍離菩提心、不應舍離正法、於一切法不慳吝、勿於一切眾生作不饒益行。

其中，「不舍正法」即是攝律儀戒，「不舍菩提心」即是攝善法戒，「不慳吝法」與「不作不饒益行」屬於攝眾生戒。

若依善無畏《無畏三藏禪要》，三昧耶戒的十重戒即為：

一、不應退菩提心，妨成佛故。

二、不應舍三寶皈依外道，是邪法故。

三、不應毀謗三寶及三乘教典，背佛性故。

四、於甚深大乘經典不通解處不應生疑惑，非凡夫境故。

五、若有眾生已發菩提心者，不應說如是法令退墮，趣向二乘，斷三寶種故。

六、未發菩提心者，亦不應說如是法，令彼於二乘之心，違本願故。

七、對小乘人及邪見人前，不應輒說深妙大乘，恐彼生謗，獲大殃故。

八、不應發起諸邪見等法，令斷善根故。

九、於外道前不應自說我具無上菩提妙戒，令彼以瞋恨心求如是物不能辨得，令退菩提心，二俱有損故。

十、但於一切眾生有所損害及無利益者，皆不應作、及教人作、見作隨喜，於利他法及慈悲心相違背故。

漢傳佛教密宗與藏傳佛教中關於三昧耶戒的戒相雖有不同，但根本精神是一致的。

註四：據不空三藏譯《都部陀羅尼門目》云：

瑜伽本經都十萬偈，有十八會。初會經名《一切如來真實攝》，其經說五部：佛部，毗盧遮那佛以為部主；金剛部，阿閦佛為部主；寶部，寶生佛以為部主；蓮花部，阿彌陀佛以為部主；羯磨部，不空成就佛以為部主。彼五部主各有四菩薩以為眷屬，前右左背而安列。四內供養，各屬四部，次第應知。四外供養，亦屬四部。四門鉤、索、鎖、鈴，四部次第應知。又有四方賢劫中十六大菩薩，表賢劫中一切菩薩。又外有五類天，一一類有四天，總有二十天並妃后。此五部又分別表徵「大日、阿閦、寶生、無量壽、不空成就」等五佛所內證之「法界體性、大圓鏡、平等性、妙觀察、成所作」等五智。五部教主再加上各自的眷屬諸尊，總稱為五部諸尊。「佛部」所彰顯的，即是理智具足、覺道圓滿的如來聖德；「蓮華部」是以出淤泥而不染的蓮花為喻，表顯眾生本具之清淨菩提心；「金剛部」則以世間最為堅固的金剛石為喻，代指能斷一切煩惱怨敵的般若智慧。在《大日經》中已具說「佛、蓮、金」三部的內容，而此三部與《金剛頂經》之五部又有開合之別，如依《秘藏記》所言，以佛之萬德圓滿、無量無邊的自利福德，名之為「寶部」；因佛之悲願力能成辦教化眾生的利他事業，名之為「羯磨部」。

註五：現今日本流行的密教中，一般規定僧侶必須修行「十八道、金剛界、胎藏界、護摩」等四種儀軌圓滿，才可接受傳法灌頂；在此之後才可謂始入密行之門，成為傳法阿闍梨，能自修密法。

然而，四度加行之修法並未見於印度和中國，在密教經軌中亦未出現；相傳，其名稱最早出於弘法大師空海所傳之《真言傳授作法》及弟子真然之《秘訣》中。所謂「十八道法」，十八之名數指十八種契印，以修此十八印言能到佛果之覺位，故稱十八道，此是從因而說；又，因十八契印皆為如來內證果地之智印，則是以果為論。此十八種契印亦可配屬於「莊嚴行者、結界、莊嚴道場、勸請、結護、供養」之六法次第之中。而金剛界、胎藏界以及護摩等三種儀軌，則分別汲取了《大日經》、《金剛頂經》以及《護摩儀軌》等密教經軌的核心要義。

此四種儀軌的修行又分前行和正行二種，其具體所修日數，以及四度前後之順序，因密教各流派所傳不同而有差異。如依小野流之次第，定「十八道法、金剛界法、胎藏界法、護摩法」之順序。以行十八道法可於一門別德證入總門法界，故先學之；而胎、金兩部依次表顯理、智二德，故先修能證之智、次修所證之理，是故先受學金剛界法，次修胎藏界法。而後才可堪受阿闍梨之師位，入傳法灌頂壇。

為祈念入壇灌頂無有障礙，須修護摩（Homa），意為焚燒；以火燒護摩木等供物祈願的修法為「外護摩」，以佛智之火於自內心中燒卻一切煩惱惡業為「內護摩」。因不動明王（被視為大日如來的忿怒化身）住於火生三昧，與護摩本義相應，故於四度加行時多修「不動尊護摩」。

註六：阿闍梨（Ācārya），梵語中含有「軌範」的意味，可譯為軌範師，指能夠持守正確戒律，作為弟子軌範，有資格教授正法的老師。其用語最早現於印度吠陀宗教，後被佛教轉用。部派佛教中，即將有資格指導、傳授僧眾戒律和教義的高僧稱為阿闍梨，如《四分律》等律典中就有出家、受戒、教授、受經、依止等五類阿闍梨。大乘佛教密宗中的阿闍梨，則還要通達內明（明心見性之學）、因明（邏輯學）、聲明（語言學、音樂學等）、工巧明（工藝技術、科學等）、醫方明（醫學、藥學）等五明。空海所獲得的傳法阿闍梨位，與時下日本密宗流行的「傳法阿闍梨」，稱謂相同，意義卻有所改變。比如，在順利通過四度加行之後，經過灌頂而獲得的傳法阿闍梨位，於高野山真言宗中已成為一般僧侶所持有的最低限度資格。獲得傳法灌頂之後，還要繼續學習「一流傳授」圓滿，方可獲得教授弟子的資格。以高野山真言宗為例，還要進入高野山勸學院的勸學會，經過數年的修學，其中選擇出來的特別優秀者，方可進入十數年一度的開壇灌頂，獲得最高等級的「傳燈」大阿闍梨位。

註七：據空海《御請來目錄》所載，惠果將十三種「阿闍梨付囑物」傳予空海，以作密法正統傳承的明證。其中的八種祕寶，是金剛智從南印度帶至大唐後傳授給不空，不空又傳授於惠果的。品項如下：

佛舍利八十粒就中金色舍利一粒

刻白檀佛菩薩金剛等像一龕（現藏高野山靈寶館，國寶）

白繧大曼荼羅尊四百四十七尊

白繧金剛界三昧耶曼荼羅尊一百二十尊

五寶三昧耶金剛一口、金剛缽子一具二口、牙床子一口、白螺貝一口

另有五種惠果自己所藏之物，傳予空海以顯師資情誼：

健陀穀子袈裟一領（現藏京都東寺，國寶）

碧琉璃供養碗二口、琥珀供養碗一口、白琉璃供養碗一口、紺琉璃箸一具

另有不空三藏新譯經典多部，皆未傳至日本：

新譯等經一百四十二部二百四十七卷

梵字真言贊等四十二部四十四卷

論疏章等三十二部一百七十卷

這其中有相當一部分在唐地也僅存孤本，因而延請寫經生二十餘人精心抄寫完成。

繪像方面，仍需繪製曼荼羅及歷代祖師法像，則是延請皇室御用畫師李真等十餘人製作完成。所繪曼荼羅及祖師像如下：

大毗盧遮那大悲胎藏大曼荼羅一鋪　七幅一丈六尺

大悲胎藏法曼荼羅一鋪

大悲胎藏三昧耶略曼荼羅一鋪　三幅

金剛界九會曼荼羅一鋪　七幅一丈六尺

金剛界八十一尊大曼荼羅一鋪　三幅

金剛智阿闍梨影一鋪　三幅（現藏京都東寺，國寶）

善無畏三藏影一鋪 三幅（現藏京都東寺，國寶）
大廣智（不空金剛）阿闍梨影一鋪 三幅（現藏京都東寺，國寶）
青龍寺阿闍梨影一鋪 三幅（現藏京都東寺，國寶）
一行禪師影一鋪 三幅（現藏京都東寺，國寶）
此外，又延請宮廷御用鑄造博士楊忠信等人合力鑄造九種法器：
五寶五鈷金剛杵一口、五寶五鈷鈴一口、五寶三昧耶杵一口、五寶獨鈷金剛一口、五寶羯磨金剛一口、五寶輪一口、五寶金剛橛四口、金剛銅盤子一口、金花銀閼伽盞四口

註八：靈仙三藏，日本名僧，西元八〇四年桓武天皇派到大唐的留學僧，參加唐朝譯經唯一的日本僧人，中日文化交流的先驅。
靈仙三藏在梵語方面的造詣相當高，同般若三藏等八人譯出《大乘心地觀經》八卷。但是，他沒有滿足於取得「三藏」法師的榮耀，毅然來到了文殊聖地——五臺山修行。
據日僧圓仁《入唐求法巡禮行記》所記，靈仙三藏自剝手皮，長四寸、

寬三寸，在手皮上畫佛像，把佛像安置於金銅塔上。他是日本最早瞻禮五臺山清涼聖境的高僧，也是遷化於文殊菩薩道場的日本僧人。

一九八八年，山西省五臺山金閣寺為紀念日本至五臺山的第一位高僧靈仙三藏，建立了〈日本國靈仙三藏大師行跡碑〉一通，碑題由趙樸初先生書寫。碑陽載有日本東寺長者「石山寺座主」大僧正鷲尾隆輝所撰、王留鼇所書之〈日本國譯經三藏靈仙和尚道德顯影之碑〉。碑文如下：

大唐內供三藏靈仙者，日本國南都興福寺僧也。貞元二十年（西紀八〇四年）從藤原葛野麿渡唐。負笈長安，卓錫右街醴泉寺。適罽賓國三藏般若欲翻譯《大乘本生心地觀經》，以靈仙通曉華梵兩語，聲名藉甚，遂請兼掌筆受並譯語，終始從事，譯訖上達皇帝焉。時唐憲宗元和六年（西紀八一一年）三月也。帝歡喜不已，御制冠序。後靈仙赴山西省代州紫府五臺山，曆洛金閣寺、鐵勤寺、七佛教誡院等處碩德，鑽研不息，為世宗仰。日本國嵯峨天皇，嘉其鴻業譽望，遠錫百金。靈仙謝恩，遙通渤海僧貞素，奉獻新譯《心地觀經》

二部並佛舍利一萬粒。該經現存日本國滋賀古刹石山寺。四恩彝倫之道，流布扶素，民庶奉行，風化以淳。靈仙後無幾何，遷化於靈境蘭若。惜其本貫、世壽、僧臘、沒年等史籍失載，曠代寂寥，勝行莫述，仰止興嗟。茲為顯彰三藏靈仙和尚道德，並祈願中日佛教善鄰友好，敬刊貞石，永垂千秋。

一九八七年六月
日本國東寺長者石山寺座主
大僧正鷲尾隆輝謹誌

註九：一千二百餘年後，在高野山大伽藍的中心處依然有三棵松樹，常年綠意盎然，寒冬傲雪而立。據稱，這三棵松樹生長之處，便是當年空海投擲之三鈷杵落地之所。如今，高野山中雖然松樹林立，也只有這三顆樹上的松針有著「三鈷杵」的樣態。筆者在此留學之際，每當風雨過後，都會見到因在樹下拾得三鈷形落葉而興奮歡呼的信眾。

第五章　虛往實歸

（《仁王經》）謂其功則七難霧卷，謂其德則七福雲集。護國之冥助如牆如壁，防敵之神力若矛若盾。五力菩薩振威而往護，百部鬼神乘通而來衛。

空海一行人，在經過了一個多月的航行之後，終於在築紫（今九州福岡縣）登岸。

滯留築紫

回國之後，空海將自己所攜經典、法器、進呈物品以及《御請來目錄》和〈上表文〉等，拜託高階遠成代為轉交給朝廷。關於此事的記載，為當年的十月二十二日；由此來看，他們應該是在十月初便已經抵達日本了。

安全歸國的空海，在踏上故土的那一刻，一定激動難抑。將密法弘傳於東瀛，是他所肩負的重任，也是師父惠果臨終前的殷重囑託，一定讓他感到壓力重重。不過，他素來有著強大的自信；更何況，作為密法的正統傳承者，他又有著無可否認的傳法資質。他對未來一定充滿了無限的期冀。

空海或許能夠預見自己於未來大弘密法的場景；只是，在這之前，他的心裡還隱約懷有一層不安。自他決定離開長安的那一刻起，這不安的心情便悄然滋長起來；回國途中，在顛簸的馬背與起伏的甲板上都還會時隱時現，讓他擔憂、無措甚至彷徨。

雖然他是學成歸來，但畢竟是冒著「闕期之罪」的風險。日本的朝廷，素來對於法度、規矩有著嚴格的持守，絕不像大唐那樣對他寬忍包容；整個民族的風格自古以來便是如此，謹嚴有餘而寬忍不足，這讓空海一直懷有隱憂。

空海在《御請來目錄》中詳陳了自己由唐帶回的物品，其中包括新譯經論二百一十六部，計四百六十一卷，兩部大曼荼羅等十鋪，以及各類法具和阿闍梨付囑物等。除此之外，空海還奉上一封〈上表文〉，文中稱自己屬闕期之罪，雖死亦不足為過；由此足以看出，空海將此事看得有多麼嚴重。空海還特別強調，自己由唐所學回之密法自玄宗起便受皇室尊奉，一人三公、四眾萬民都寄心於此，視之如寶。

只是，空海所上表的皇帝已經不是崇信密宗的桓武天皇，而是剛即位不久的平城天皇。

西元八〇六年三月，空海、高階遠成一行尚在歸國途中之時，桓武天皇駕崩，終年六十九歲。之後，皇太子安殿親王即位，是為平城天皇，年號隨之由延曆改為大同。

空海的〈上表文〉，由高階遠成呈奉之後便如石沉大海；朝廷對空海的上表應該採取了冷處理，沒有做出任何反應，對他本人既沒有懲罰也沒有獎賞。這樣一種懸置的處理方法，亦讓空海無法得到入京的許可；如此一來，他也只能滯留在築紫當地，繼續等候時機。

最澄創立日本天台宗

正在空海一籌未展之際，另一位在大唐求得密法的最澄已捷足先登。最澄與藤原大使一行已於西元八〇五年安全歸國。作為還學僧的最澄，與空海的待遇迥別，他可隨大使一同前往京城直接拜謁天皇。彼時之京城，是為平安京（今京都），已不再是空海十五歲時出鄉關而入的京城；因為，桓武天皇之前已於西元七九四年下令將都城由長岡京（今奈良）遷往平安京。

最澄已在當年的七月上旬向桓武天皇進奉了《將來目錄》，這是最澄在唐收集或抄寫之經論的匯總，記載的名目共計二百三十部、四百六十卷，其中不乏天台宗以及密宗的相關內容。

桓武天皇對最澄迎請來的經典甚為重視。他曾親自下令，命人將天台宗的部分經論抄寫七份，派發至南都之七大寺（即奈良之東大寺、興福寺、元興寺、大安寺、西大寺、藥師寺、法隆寺），命寺中的僧侶潛心學習。對於最澄帶回的密法，桓武天皇則言，此為日本國前所未得，而今最澄阿闍梨有幸得獲，實可謂是國之良師。由此可見，桓武天皇對於最澄的弘法事業是鼎力支持的。

隨後，在桓武天皇的支持下，延曆二十四年（西元八〇五年）九月七日，最澄在平安京近郊的高雄山寺舉辦了日本歷史上第一次公開的灌頂儀式；「南都六宗」（註一）的代表人物，如唯識宗之道證、修圓，三論宗之勤操等人，入壇接受了阿闍梨最澄的灌頂。桓武天皇當時因年邁臥病於床，即由修圓和勤操作為替代者接受了灌頂賜福，以示朝廷對灌頂儀式的重視。之後，最澄還在平安京西郊專修密法，為天皇祈福。

道證、修圓、勤操等人，為當時日本佛教界所公認的高僧。以阿闍梨的身分為這些德高望重的僧侶進行灌頂，對最澄而言是何等尊貴的殊榮。入唐之前，最澄便受到桓武天皇的器重，成為近侍僧、內供奉的十位高僧之一；歸國之後，更是一躍成為煊赫一時的人物，站上了日本佛教舞臺的最中央。

如前文所述，當時的日本佛教界，並不是誰都可以隨意剃度出家的，必須要遵守朝廷所立的「年分度者」制度；當然，這樣的一種制度也是源自於中國。所謂「年分度者」，即通過官方的考試而獲得剃度資格的僧侶；朝廷每年都會將新剃度的僧侶按照比例分派給各個宗派，以示均衡發展之意。

西元八〇六年的正月三日，對於最澄而言是極為重要的一日。之前朝廷每年配予三論、法相等六宗的年分度者為十人；而在這一天，朝廷立下新規：把十人制改為十二人制，新增加的兩人，將分予天台宗。並按規定，兩人中的一人要學習天台教義，研讀《摩訶止觀》；另外一人，則要學習密宗，研讀《大日經》，由此也足見朝廷對新請來之密宗的重視。同時也意味著，朝廷首次在官方上承認了天台宗這一新宗派的合法性。

作為日本天台一宗的創立者，毫無疑問，最澄當時應是信心百倍的；因為，他將要開啟彪炳史冊、名傳後世的弘法事業。

而與最澄形成鮮明對比的則是，空海因為受到了朝廷冷落，前景變得迷茫。不依國主，則法事難立。既然無法得到最高層的認可與重視，那就只能循序漸進，一步步做起了。

由於沒有等到朝廷傳來的消息，空海只好繼續滯留於築紫，且居無定所。大同二年（西元八〇七年）二月十一日，在築紫的太宰府中，次官田中少式為母親舉辦追薦法會，空海為其母繪製了千手千眼觀音等十三尊菩薩像，並謄抄《法華經》與《般若心經》以為供養。或許是為了感恩空海，在田中少式的幫助下，當年的四月二十九日，臨近太宰府的觀世音寺接納了空海入住，並聲明他在獲得入京許可之前可一直暫居於此。這對彼時的空海而言無疑是雪中送炭。事實上，空海與觀世音寺也素有淵源；早在入唐前，他就曾帶著勤操的引薦信在此居住過。

隱居於觀世音寺客房的空海，終於能夠安頓下來了。在唐短短三個月時間所學的繁多教法，更有了充足的時間和精力來鞏固溫習，想必也一定是廢寢忘食吧！過去的所學，需要專心回顧；未來的推動，也要縝密思考。從大唐長安受學的密法，到底應該以什麼樣的方式在日本展開？顯教與密教之間到底如何去區分認識？《金剛頂經》中描述的大日如來法身所化世界與《華嚴經》中的華藏世界到底是什麼樣的關係？三論、法相、律宗等南都諸宗的學說在密宗裡到底應該賦予什麼樣的位置？接下來的這段時間，空海逐漸成熟了自己的思想，也為以後的弘法默默地做著準備。

就在空海平靜地隱修之時，朝堂之上卻已風起雲湧。

西元八〇六年五月即位的平城天皇，為了穩固自己的權位，則一改前朝風氣，著手於諸多領域進行了大刀闊斧的改革。最澄則因為失去了舊天皇的支持，其弘法事業也受到了影響。正月裡頒發的給天台宗兩名年分度者的政令也並未履行。毫無疑問，平城天皇廢止了桓武天皇的新立政策，以示新朝不續前朝舊風之態。

大同二年（西元八〇七年）十月末，藤原宗成煽動伊予親王謀反，不幸被平城天皇發現。隨後，伊予親王和母親藤原吉子被幽禁於川原寺中，藤原宗成及其家族以及相關人員則或被流放或被罷官。當年的十一月十二日，親王母子在川原寺中服毒自殺。歷史上稱此事件為「伊予親王之變」。

作為伊予親王侍講的阿刀大足自然也受到了這一事件的牽連。而空海自十五歲入京起至入唐之前，也一直和伊予親王之間有著千絲萬縷的聯繫。因此，受這一事件影響，空海的入京許可更是遙遙無期了。

大同三年三月暮春之後，平城天皇的身體每況愈下，新政方才施行不久，卻因背後推動者的身體原因難以為繼。平城天皇也逐漸認識到自己的疾病難愈，遂將天皇之位禪讓給了皇太弟神野親王，亦即未來的嵯峨天皇。大同四年四月十三日，嵯峨天皇於京都皇城中的太極殿即位，而平城天皇之子高丘親王，則被立為太子。

這幾年中，有關空海的記載零星幾許。據說他曾於京都近畿一帶購買紙筆，想要謄抄部分密宗經典以為流傳，勸薦世人如法修習。另有記載說，空海曾於西元大同二年十一月前往大河國的久米寺宣講《大日經》要義，這裡也曾是空海當年最初尋得《大日經》的地方。

此後，空海還曾前往和泉國的槇尾山寺。槇尾山寺是空海出家得度之地，他在這裡見到了恩師勤操。本無定處的空海受恩師挽留而移居槇尾山寺的可能性是很高的；據稱，空海在槇尾山寺一直住到了大同四年的七月。

與最澄交流

說到空海的入京，則不得不提到他與最澄之間的交往。

大同四年的二月三日，也就是在槇尾山寺居住的期間，空海向最澄寄送了一封書狀，以表達想要繼續結交之意。兩人曾一同加入遣唐使團，在大唐內也都學習了密法，歸國後的事蹟彼此也都有耳聞，這種相互之間的學習和探討自然是情理之中。而正是這份書狀，為空海境遇的改變埋下了伏筆。

實際上，最澄對空海這位後起之秀也是非常青睞的，這其中一個很大原因，在於他曾看到了空海所撰的《御請來目錄》。空海委託高階遠成進奉給朝廷的《御請來目錄》，作為內供奉十禪師之一的最澄是最有機會看到的。當他看到記載空海所請來的經、律、論、疏章、傳記，以及諸多圖像、曼荼羅、法器、阿闍梨付囑物等的目錄後，當下便意識到了它的重要性；他也一定會發現，自己從順曉阿闍梨處接得的密法，相比於空海所受的傳承是非常有限的。最澄對這份《目錄》尤為重視，他甚至從頭到尾親自抄錄了一份，以留作自家參考資料儲備。這份手抄的原稿，經一千二百餘年，如今依然完好地保存於京都東寺之內。

大同四年七月十六日，空海收到了一份和泉國司下達的官符，允許空海自官符發放之日起便可入京居住；這意味著，歸國之後，歷經三年，空海終於獲得了入京許可。而推動此事的因緣，自不可忽視作為天台一宗開祖的最澄在朝堂之上為其奔忙、籌謀。

接到官符之後，空海進入京都，住入了高雄山寺。

高雄山寺本是和氣家族的私寺，寺主和氣真綱與最澄是摯友，他的父親和氣清麻呂與兄長和氣弘世也曾與最澄相交甚篤。和氣家族中最為著名的人物就是和氣清麻呂了。他不僅是建設平安京的具體負責者，還曾主持督造了許多利國利民的工事，過去的十日圓紙幣和日本歷史教科書中都有他的形象，算得上是日本歷史的著名人物之一。西元八〇二年，最澄主持召開的「天台講演」會，便在高雄山寺舉行，這背後自有和氣家族的鼎力支持。而空海如今得以入住高雄山寺，無疑也正是借助了最澄與和氣家族之間深厚的交情。

平安佛教的兩大巨擘，也正是從此時開始，進一步展開了深刻的交流。

入住高雄山寺一個月之後，八月二十四日，最澄派遣弟子經珍轉送了一份借請狀，試圖向空海借閱十二部五十五卷的經論。從最澄借經的時機來看，空海初回國時供奉給朝廷的經卷、法器等物品，此時已悉數得以返還。

最澄這份借請狀的內容簡明扼要，其中值得稱道的是他在署名中自稱「下僧」，這自然是表示請法的謙卑之意。所借十二部典籍中有《大日經略攝念誦隨行法》、《梵字悉曇章》、《宿曜經》、《金獅子章》、四十卷本《華嚴經》等，皆是最澄於唐地未曾獲得的重要經典，由此也可以看出他的興趣所在。一次便借閱五十五卷珍貴的經本，數量頗為龐大，不過空海還是欣然同意了。當時的他，一定非常感念最澄幫他入京、並為之安排入住高雄山寺的恩情。

兩個月後的十一月二日，最澄將十二部五十五卷典籍悉數奉還；接著，在次年的正月十五日，最澄再一次提出向空海借閱《十一面儀軌》和《千手菩薩儀軌》。如前文提及，最澄在渡海入唐之時曾自刻十一面觀音像隨身攜帶供奉，以祈求護佑遣唐使團行旅安全；由此可見，最澄對於十一面觀音寄予了非常深厚的信仰情感，在得知空海持有具體的修法儀軌之後，自然想要借來修學。不僅如此，他還曾派遣弟子妙澄前往空海處學習十一面觀音儀軌的修法；學成之後，再傳予最澄。

而在這一次的借書狀中，最澄則自稱「下弟子」，稱空海為「遍照阿闍梨」，態度比前一次更為謙卑。之前借閱的主要是經書論典，此次則事關密法的儀軌，某種程度上也就意味著有了師徒授受的關係，因而才自稱「下弟子」。

對於真理的探求，空海亦不曾間斷過，他也趁機向最澄借閱未曾深入的經典，這其中自然會有天台宗的經典著作，比如智者大師的《摩訶止觀》二十卷。而當時最澄也正在進行《摩訶止觀》的校勘工作；因此，二人約定好，最澄校勘完一卷便向空海送出一卷。不僅如此，最澄在向空海歸還《十一面儀軌》的中卷時，更是將全部校勘完畢的《摩訶止觀》二十卷都贈予了空海。

最澄與空海，通過書信的來往和經典的借閱，彼此間相互地學習，關係相當融洽。而此時，朝堂之上卻發生了動盪，史稱「藥子之變」。（註二）

「藥子之變」，乃是起於已禪位之平城天皇聯合藤原藥子，發兵反抗現任之嵯峨天皇；兄弟鬩牆，同室操戈，讓天下人心惶惶。

「藥子之變」發生之際，住在京都近郊高雄山上的空海，聽聞山下皇宮之內的風雲變幻也深為震驚；雖然事變很快被平息，人心卻惟危難安。危則易生變，變則可成亂；為祈求國家安泰，空海在高雄山寺之內潛心修行由大唐學來的「仁王護國法」。

「藥子之變」發生一個多月後，十月二十七日，空海上表朝廷，言說大唐自開元以來皇帝、貴族、高官等均受密法灌頂，並常請高僧於皇宮的長生殿內道場中誦持真言，以祈求四海安定。並說道：「我自唐攜來《仁王護國經》等經典，若按法修習可摧破七難，調和四時，護國安寧；我空海雖幸授此法，卻一直沒有廣傳。現今如此時局，願率弟子日夜修行以護國家安泰。」

朝廷欣然應允。空海的弘法事業，也正是由於這份上表讓朝廷逐漸地接受與認可。

成為嵯峨天皇知交

弘仁二年（西元八一一年）十一月，空海接到了治部省的官符。官符中稱，因高雄山寺多有不便，遂命空海從高雄山寺移住乙訓寺擔任別當（統轄寺務的僧官）之職，負責乙訓寺的修繕事宜。

官符中所謂「不便」，實際上是指高雄山寺距京都皇宮較遠，這給嵯峨天皇與空海之間的往來造成了不便。因為，空海的名聲日漸遠播，早就讓嵯峨天皇注意到他了。

嵯峨天皇潛心漢學，在書法、詩賦、音律上也有很深的造詣，為當時所推重，更被後世尊為日本「三筆」之一。「藥子之變」後，嵯峨天皇的權位更加穩定，繼而創造了宮廷文化的一段繁盛時期。

當初，嵯峨天皇即位不久，便聽聞了空海「五筆和尚」的聲名，又親眼目睹了空海書法的俊采神逸，特遣山背豐繼請空海進宮，將《世說新語》（註三）

中的文章題於兩帖屏風之上。兩人的私交，便是通過書法建立的。

空海在高雄山寺居住期間，曾經於弘仁二年的六月，將十數種從唐代請來的著名碑刻、法帖、梵字帖以及當時流傳之文學、書法作品獻給了嵯峨天皇。其中有劉希夷的四卷詩集、王昌齡的《詩格》以及《貞元英傑六言詩》、《飛白書》等。兩月後又將德宗皇帝、歐陽詢、張誼等唐代著名書法家的眾多真跡，以及〈不空三藏碑〉、〈道岸和尚碑〉、王羲之〈書帖〉、令起〈八分書〉等，進獻給嵯峨天皇。

作為一個對詩文、書法的熱愛遠遠勝過權位的皇帝來說，嵯峨天皇對這些來自大唐的珍貴書帖倍加珍惜，也對空海的藝術造詣青睞有加。二人的深宮對談、尺牘往來，讓他們漸漸有了高山流水遇知音的情感；也因此，嵯峨天皇才想讓空海住的離自己近一點，以便隨時可以傳入宮中談詩論書，以解曲高和寡之苦。

移居乙訓寺之後，空海還獻上了乙訓寺的柑橘、狸毛筆等珍貴物品。這是日本歷史上首次出現關於「狸毛筆」的記載，可見日本此前或許並無此物。據傳，空海在唐不僅收集了大量法帖，居長安時還曾向人學過製筆之術；空海進獻的狸毛筆，便是由當時的著名工匠阪名清井和槻本小泉等人在他本人指導之下完成的。

對於空海慷慨的進獻，天皇也有回贈。二人之間的交往，超出了君臣之隔，更多的像是文人詩友間的情誼。

空海受命在乙訓寺擔任別當，主持修繕工作；除了與嵯峨天皇的私交之外，其實還有一個原因。當時的乙訓寺，因為早良親王的冤靈作亂，已然年久失修，頹敗不堪，需要一位有德高僧前往修法平亂。

原來，早在西元七八四年，桓武天皇決定將都城從平城京遷往長岡京，並任命親信藤原種繼作為新京的督造。次年的九月二十三日夜晚，藤原種繼在監造工程時被大伴竹良的暗箭射殺。桓武天皇盛怒，隨後派人徹查，將案件的參與者斬首或流放。當時的皇太弟早良親王也受到了牽連；他被廢嫡之後，幽禁於乙訓寺，之後又在流放途中悲慘死去。早良親王死後，便盛傳其怨魂居於乙訓寺內，多年盤踞不散，寺中因此人員凋零，漸至破敗。

空海移住乙訓寺後，精勤修法，寺中很快就沒有了鬼怪作祟的事情發生。然而，關於修繕寺廟的資金，雖由朝廷的僧綱所發放，但其費用遠遠不夠，空海唯有向師友求援。這次，他向永忠和尚發出了請求。

永忠和尚，就是當年空海初入長安西明寺之時，給予他諄諄教誨的前輩高僧；這樣的恩情，空海一定不敢有片刻或忘，回國之後兩人很快地恢復了聯繫。永忠在得知空海已盡得正統密法歸國之後，一定也十分歡喜、欣慰。在唐留學三十年的永忠，歸國之後受到了極高的尊崇，時任少僧都之職，位高權重；如今，空海請求他伸出援手，作為少僧都的他一定不會置之不理。

空海再一次得到了永忠的幫助，二人的交情也由此更加深厚。弘仁四年，永忠因年老欲辭去少僧都一職，據說空海便為這位生命中的貴人代筆起草了奉進朝廷的〈辭任表〉。

空海在乙訓寺居住了大概一年。在這期間，他不僅圓滿完成了朝廷下達的鎮伏怨靈、修繕寺廟的任務，得到了世人的信任，還跟嵯峨天皇頻繁地交流，建立了良好的關係，這都為他之後弘傳密法打下了穩固的根基。

此時的空海，對於先師惠果所交代之「早歸鄉土，以奉國家，流布天下，增蒼生福」的重任，仍舊念茲在茲。畢竟，此事非他而不能為。

【註釋】

註一：南都，指奈良時代的京城所在地平城京（又稱古京，即今奈良）；六宗，指的是日本奈良時代興起的六個佛教宗派之合稱。為區別於平安時代以降、以平安京（又稱新京或北京，即今京都）為中心興盛起來的平安二宗（天台宗、真言宗），故將華嚴宗、律宗、三論宗、法相（唯識）宗、成實宗與俱舍宗合稱為「奈良六宗」，又稱古京六宗、南京六宗。所謂的六種「宗派」，其實是因為，南都諸寺的眾多僧侶們，由於個人的興趣不同，主要研究的佛法教義也不同，因此而相互區分開來的「學派」，其學派性質則多於宗派性質。比如說，主攻三論學、兼攻成實論的僧侶，主要集中在大安寺、興元寺；主攻法相學（唯識學）、兼攻俱舍學的僧侶，主要集中在藥師寺、興福寺；華嚴學則在東大寺，律學在唐招提寺。其實，那時的僧侶們大多一人兼學二宗以上，一寺中也各宗雜陳。

三論宗的開祖為高麗僧慧灌；隋代時，慧灌從三論宗祖師吉藏受學；日本推古天皇時期，又奉高句麗王之命入日本傳法。成實宗的開祖為道藏。法相宗和俱舍宗的開祖均為道昭，他曾入唐師事玄奘三藏。華嚴宗的開祖為審祥和良弁；其中，審祥曾渡唐隨華嚴三祖法藏學習。律宗的開祖，即是曾六次東渡日本的鑑真和尚。

註二：藥子之變是弘仁元年（西元八一〇年）日本歷史上發生的一次政變。大同四年（西元八〇九年）四月，平城天皇因病將皇位禪讓給弟弟嵯峨天皇。第二年，平城天皇突然以上皇自居，以靜養為由遷居舊都平城京，並要求嵯峨天皇為其修築宮殿；之後，連平城上皇本人也未曾想到，原本無法治癒的病情卻突然好轉起來。

由於嵯峨天皇登基後採納了一系列新政，對新政不滿的人便開始聚集在平城上皇身邊，逐漸形成了一股對抗勢力，引起了嵯峨天皇的高度警惕。

弘仁元年九月六日，嵯峨天皇表面上奉行平城上皇的命令，任命阪上田村和藤原冬嗣為造宮使，負責諸項遷都事宜；卻在九月十日突然發佈詔令，言明遷都之事讓朝中上下人心騷動，必須即刻停止。隨即又下令封鎖兩京及其臨近諸國的關隘，監禁平城上皇的親信藤原仲成，並革去藤原藥子的官位。藤原藥子是藤原仲成的妹妹，實際上是平城上皇的岳母兼情人。

這一連串舉措，讓平城上皇怒不可遏，遂與藤原藥子起兵抵抗；不料，在率軍行至平城京近鄰的東國境內時便被嵯峨天皇的軍隊阻擋，而退回平城京城內。事實上，雙方無論從兵力還是從擁護者的實力上來看，平城上皇均無勝算可言。

最終的結果是，藤原仲成在右兵衛府被射殺，藤原藥子服毒自盡，而平城上皇則削髮為僧，表明永遠不再干涉朝政。

「藥子之變」還牽連了平城上皇之子，即當時的皇太子高丘親王；他被剝奪了皇太子之位，之後在東大寺剃度出家，世人稱為「真如法親王」。出家之後，他曾師從道詮學習三論宗，之後又拜入空海門下學習真言密法，並成為空海門下十大弟子之一。多年之後，真如法親王還作為遣唐使留學僧被派往大唐求學，卻不幸遭遇唐武宗滅佛，繼而發心前往天竺求法。他們一行三人，從廣州出發乘船入南海，從此就再也沒有了音訊；很有可能遭遇了海難，客死於前赴天竺的求法途中。

註三：《世說新語》為魏晉南北朝時期筆記小說的代表作，內容大多記載東漢至東晉間的高士名流的言行風貌和軼聞趣事，由南朝宋・劉義慶召集門下食客共同編撰。全書分上、中、下三卷，依內容分有：德行、言語、政事、文學、方正、雅量、識鑑等等，共三十六類（門），每類收有若干則，全書共一千多則，每則文字長短不一，有的數行，有的三言兩語，善用對照、比喻、誇張與描繪的文學技巧，不僅使它保留下許多膾炙人口的佳言名句，更增加了本書之趣味及可讀性。

第六章　高雄山時代

黃葉索山野，蒼蒼豈始終；嗟餘五八歲，長夜念圓融。
浮雲何處出，本是淨虛空；欲談一心趣，三曜朗天中。

「藥子之變」也揪動了最澄的心。同樣心心念念想要弘傳密法的最澄，在坐觀這場風暴的同時，與空海之間的信件較以往也更為頻繁。當時政局不寧，人心浮動，作為佛教界領袖的他們也要綢繆弘法的大事因緣。

高雄山灌頂

在京都居住期間，空海給最澄寄出了三封信件，即〈風信帖〉、〈忽披帖〉和〈忽惠帖〉，後世將其合稱為「風信帖」。這三封尺牘也是空海最著名的書法代表作，全帖以行草寫就，運筆瀟灑率意，自然無礙且富於變化，整體筆風飄逸清澄，有白雲浮秋之感，展現嫺熟的筆法和灑脫俊逸的魏晉風韻。《風信帖》的真跡流傳至今，保存於京都東寺之內，為日本國寶。

從帖中內容來看，空海先是對最澄贈送《摩訶止觀》表達誠摯謝意；接著說道，天已轉冷，特地慰問最澄的身體如何，並說想要親往比叡山拜訪，但因事務纏身，難以實現。所謂「不能東西」，便是指不能來往於高雄山寺和比叡山之間；當時高雄山寺位於京都西北，比叡山位於京都東北，故有東西之說。

雖然如此，空海還是希望能夠與「金蘭」和「室山」相聚一處，商討在如今局勢之下如何弘揚佛法。其中，「金蘭」指最澄，「室山」則指安室山，意謂奈良與福寺的高僧修圓。前文中已提及，修圓曾於西元八〇五年在高雄山寺接受過最澄所傳三部三昧耶灌頂，是當時的八大高僧之一。為組成三人之會，空海希望最澄能夠前來高雄山寺一聚，以商議弘傳密宗之事。

最澄當時頗為「遮那業」一事煩憂。之前，桓武天皇曾敕令為天台宗新派年分度者兩人，雖因平城天皇的新政而未實施，卻也並未廢止。嵯峨天皇登基之後，此事又被提上日程。如前文所說，新分之二人，一人須學習天台《摩訶止觀》，又被稱為「止觀業」；另一人則須學習密宗《大日經》，又稱之為「遮那業」。

空海的突然出現，讓最澄意識到自己所受密法還遠遠不夠；若要完善天台密宗這一新興的宗派，獨立於奈良六宗之外，最澄還需要在密法方面擁有完整的傳授和深入的修習。因此，他急切地想要向空海求法。

弘仁元年，二人在高雄山寺是否真的如約相會，商議建立新興法幢之事，沒有明確的史料記載。另外，〈風信帖〉中空海邀請最澄「降赴此院」，「此院」又或許指乙訓寺，而非「高雄山寺」。

到了來年二月，兩人的關係又有了深一層的進展；這次，是最澄直接提出要向空海祈求灌頂傳授。他所祈請的灌頂，並非金、胎兩部大法的灌頂，僅僅是「遍照一尊」的灌頂，也就是大日如來一尊法；並且，這又不是最澄單獨祈請的灌頂，而是想同空海的年輕弟子們一起參加。

這對空海來說是絕對不能接受的，因為最澄是前輩，又為當時之碩德、天台宗師，自然不能和弟子們同列。於是，空海非常鄭重地婉拒了最澄的提議，並約定灌頂之事可再做商議。

弘仁三年的五月，年近半百的最澄因身染重疾，臥病在床，立下遺言，交代了「身後」之事。此事讓空海頗為震驚；他一面急切地關懷最澄的病情，同時也積極籌畫為他灌頂的事宜。幸好，吉人天相，最澄的疾病慢慢地好轉起來。八月十九日，空海向最澄寄去一封信，言明要向他傳授密法，最澄接信之後自然喜不自勝。這應該是他的幸運日吧，不但疾病有了好轉，期待已久的金、胎兩部密法竟然也不期而至。

最澄在接到信翁的當日，便欣然復信予空海。其中說到，自己對弘揚天台法華與遮那密宗朝夕渴盼，也表達了對空海的感恩之情。之後不久，最澄又給空海寄信，進一步表明了自己想要融通遮那宗和天台宗的意願；他認為，天台宗所奉行的《法華經》與《金光明經》，從根本教理而言與真言密法的要旨並無差異；法華一乘與真言一乘，亦無有優劣之分。

現在，我們已經無法看到空海對此信做了怎樣的回應；只是，從未來的歷史發展來看，空海並不同意最澄的思想理念，這也為之後二人的分道揚鑣埋下了種子。

弘仁三年十月，最澄和弟子光定前往奈良的興福寺參加維摩會，與南都佛教高僧長惠、泰演、明福等人相會。當年的四月十一日，光定曾在東大寺的戒壇受戒，而他的尊證師之一便是興福寺的明福。

維摩會將於十月二十六日結束，之後最澄需要從奈良經京都返回比叡山。他還一直惦念著尚居於城中乙訓寺的空海，於是他派人送去信件，言稱想要借閱《金剛頂真實大教王經》。之前，最澄一直借閱、研讀的是胎藏界《大日經》一系的經典，對於金剛界《金剛頂經》一系的經典尚未充分學究；因此，想要藉此機會，向空海借來學習。

空海收到信件後，心中不免為難。因為，最澄曾經在大唐接受過胎藏界的灌頂傳承，並有過較為系統的研習，在此基礎上直接閱讀胎藏界一系的經論自然是沒有問題的。可惜的是，最澄並未接受過金剛界灌頂和許可傳授；如果直接研讀《金剛頂經》一系的經典，於情於理自然不合。於是乎，空海並未回信，而是直接派使者前去邀請最澄至乙訓寺相會。

十月二十日這天，最澄和光定在乙訓寺留宿了一晚，空海與最澄也相談甚歡。空海向最澄展示了金、胎兩部曼荼羅，這是他從大唐攜來的最為珍貴的物品。空海還殷切地告知最澄，自己打算辭去乙訓寺別當的職務，前往高雄山寺開壇結界，傳授兩部灌頂。那時空海已年屆不惑，自言命期或隨時將盡；因此，希望將金、胎兩部大法早日傳授給最澄等人。

二人在乙訓寺結下口頭之約，隨後又將灌頂日期定在當年的十二月十日。最澄得到空海的允諾後激動不已；返回比叡山後，立即寫信給愛徒泰範，讓他趕緊從近江高島趕回比叡山以籌畫灌頂儀式，共襄盛舉。

原來，最澄在五月立下的遺言狀中曾委命泰範做他的繼承者，擔任比叡山總別當。但是，這個委命引起了山中其他徒眾的不滿；泰範難以服眾，最終以懺悔罪業為託辭向最澄呈信請求離開，最澄苦苦挽留也無濟於事。泰範離開比叡山，前往了近江高島的近邊，隱修於當地的寺院之中。

最澄對泰範的離開心有遺憾，又或者懷有些許歉意。總之，他得知這一大好消息之後，最先想到的便是愛徒泰範。據說，最澄急於讓泰範趕回的另一原因是，泰範有著深厚的經濟背景，灌頂需要人力；更需要財力和物質的護持。

原定於十二月十日舉行的灌頂時間，由於某些原因又提前了。十一月十三日，最澄等人出發前往了高雄山寺，準備參加兩天之後、也就是十一月十五日的灌頂儀式。到了高雄山寺之後，最澄將自己準備的供養物交給了智泉。據記載，這些供養物品分別為薯芋一籠、薯芋子二籠、海藻一裹和糖二小甕。

智泉是空海的外甥，當時是年僅二十四歲的優秀僧侶。作為高雄山寺的三綱之一，智泉擔任維那之職，管理高雄山的經藏，同時指揮著寺中日常的大小事務。這次灌頂法會，他又作為空海的得力助手奔忙操勞著各種事宜。

灌頂儀式能夠順利舉行，的確不是靠空海一個人便能完成的，必須要僧團的有序分工、合作才能正常運轉。當時，空海已經在高雄山寺設立了三綱；其中，除了智泉擔任維那外，空海還任命杲鄰為上座，掌管寺務；任命實惠為寺主，負責塔堂的營造和管理。這些足以說明，空海當時在高雄山寺已經帶領著相當和合、穩固的僧團了。

十一月十五日，最澄等人抵達高雄山寺的第三天，灌頂開始。

空海首先傳授的是金剛界的結緣灌頂。所謂「結緣灌頂」，指的是初步學習密宗的行者，為使其與本尊結緣，遂將行者引入結緣灌頂壇中，在曼荼羅前通過投花得佛而了知與自己有緣的本尊，並授予此本尊之一印（印契）一明（真言）的儀式。結緣灌頂不同於受明灌頂（學法灌頂）和傳法灌頂，所以對身分並無要求，四眾弟子皆可參加。

參加這次金剛界結緣灌頂的，除了最澄之外，還有與最澄及高雄山寺有著深厚關係的和氣真綱、和氣仲世和美濃種人；美濃種人是和氣仲世的同道友人。四人投花得佛，最澄投得了金剛因菩薩，和氣真綱投得了金剛寶菩薩，和氣仲世投得了金剛喜菩薩，美濃種人則投得了寶波羅蜜菩薩。隨後，空海分別向四人傳授了相應本尊的手印、真言以及修法儀軌。

灌頂儀式之後，最澄為了繼續學習金剛界諸尊的真言、印契、觀法以及梵字儀軌，決定暫時留在高雄山寺，並委託泰範將五斛米以及一些其他生活物品帶上高雄山來。由此段過程可以看出，高雄山寺當時的經濟狀況其實是頗為拮据的。

金剛界灌頂結束後，接下來還有計畫於十二月十三日舉行的胎藏界結緣灌頂。吸取前次的經驗教訓，最澄則提前由高雄山返回比叡山，並向當時嵯峨天皇的近臣藤原冬嗣請求物質上的資助，為接下來的灌頂做好萬全準備。

十二月四日，最澄早早地趕到了高雄山寺，他這次帶來了二十餘根薯芋和兩籠薯芋子以做供養。不料，本來預定於十三日舉行的胎藏界灌頂儀式，因事耽擱了一日，推到了十四日。

十二月十四日當天，高雄山寺的胎藏界結緣灌頂如期舉行。與上個月剛剛舉行過的金剛界結緣灌頂相比，這次前來接受胎藏界結緣灌頂的人數頗多，合計一百九十餘人，其中包括：太僧二十二人、沙彌四十一人、近士四十二人、童子七十一人、音聲人二十二人。

「太僧」指的是已受具足戒的沙門，「沙彌」則是已得度、未受具足戒的出家男眾。近士，另一說為「近事」，即優婆塞，也就是男眾居士；「童子」是指未滿十六歲、未出家的少年；「音聲人」，指的是奏樂吹唱之人。

流傳至今的《灌頂記》一書中，詳細記載了參加此次灌頂的人名、身分及其投花所得之本尊。所記載的太僧之中，有最澄的弟子泰範、光定以及南都的東大寺、興福寺、西大寺、元興寺、大安寺和山階寺等名刹的僧人。或說太僧等人此次得受的是胎藏界受明灌頂，非結緣灌頂。近士之中，排在第一位的是高階真人；這位高階真人，很可能是與空海一同歸日的遣唐判官高階遠成。

金剛界結緣灌頂和胎藏界結緣灌頂相較，參加者的數量為何有如此差距呢？兩次灌頂之間相隔的一個月裡，一定發生了什麼事，讓空海覺得應該開放限制，讓更多的人來接受灌頂。

最有可能的原因是：作為當時佛教界高僧、天台宗領袖的最澄，如今肯以弟子之禮向空海求取灌頂；這在某種意義上也說明了，從密法傳承的角度，空海由唐攜回的更高深、完整和正統；消息一經傳出，希求灌頂者便紛紛湧入了高雄山寺。或許正是在多方請願下，空海這才開放了限制，盡最大限度地滿足了大家的需求。眾人能夠得到如此珍貴的機會，接受日本有史以來第一次的結緣灌頂，還是應該感謝發起者最澄吧！

與最澄的分歧

高雄山寺的灌頂的確是最澄請願許久、渴慕許久、期待許久方才獲得的：

但是，在這背後，最澄的內心又頗為複雜。

最澄坐鎮比叡山，兼弘天台宗與密宗，宣導天台與真言二乘融一。在空海之前，最澄也曾在高雄山寺舉行過盛大的灌頂法會，受灌者均為六宗高僧、一時耆宿。當時的最澄儼然已是朝廷允可、教界公認的日本密宗領袖。而空海在入唐之前，只是一介籍籍無名的年輕私度僧；歸國之後，最初的三年時間裡，他仍默默無聞，無法入京，只能顛沛流離，借住於各地寺院之中。那個時候，最澄與空海的境遇，判若雲泥。

而這一切，都在最澄看到空海進奉的《御請來目錄》之後，悄悄地發生了改變。

在空海向最澄寄去名狀之後，二人便開始頻繁交流。最澄一開始僅是向空海借書；在最早的一封借信箚中，他的措辭並無客套之語，而是直接言明借閱之意，並且數量巨大。之後，隨著接觸增多，最澄的態度越加謙卑。他從借閱經論開始，隨後又借閱儀軌，並漸漸提出想要接受灌頂的請求；信箚中對自己的稱謂，也從最初的「下僧」變為「下弟子」。他發現，空海不僅才高八斗，文筆、書法睥睨當世，而且在密法上是真正獲得了完整而正統的傳承。

到了此時，在最澄眼裡，空海已成為一座高山，他唯有仰止。

最澄有著遠大的理想。他認為，天台一乘在佛陀一代時教中屬於至高至圓的教理，而真言一乘在實踐層面則有著系統的教法；二者的結合，一定會形成震古鑠今的新佛教形態，從而迥異於南都六宗的固有形式，為日本佛教界帶來全新的氣象！

所以，為了將空海從大唐帶來的真言密法盡數學到，他沒有心高氣傲、自恃身分，而是放下身段、不圖虛名，一心一意地追求真理。此外，最澄不僅自己以身作則，還帶領徒眾一同前去空海座下求學；就連試圖拜自己為師的其他宗派的僧人，比如大安寺高僧廣圓的弟子德念，他也會非常積極地親自寫信推薦給空海。

從這一點來看，最澄實在是令人敬佩的可愛之人。

但是，這次舉行的胎藏界結緣灌頂，竟然一下接受了如此多樣的人入壇；或多或少，會讓最澄的內心感到失落。之前與空海在乙訓寺相會之時，空海曾殷切地告訴最澄，希望能將真言教法傳授於他；空海當時所說的真言教法，在最澄的理解，自然是指金、胎兩部的完整教法。而這次在高雄山寺舉行的金剛界灌頂只是為結緣，並非最澄事先預想的持明（受明）灌頂或傳法灌頂，他一定不會以此為足。

這是不是由於空海的出爾反爾呢？

答案自然是否定的。這其中的原因，主要是由於空海的理念與最澄不同。前文提過，空海在答應為最澄灌頂之後，最澄曾迫不及待地連續向空海送出兩封信件，言明天台法華宗與真言密宗無有差別，亦即「圓密一致」的思想；而我們從空海後來的著作，如《辨顯密二教論》、《秘密曼荼羅十住心論》等著書中，能清楚地看到，空海是將真言宗視為更加殊勝的教法，凌駕於顯教各個宗派之上的。另外，最澄急切地想要閱讀《金剛頂經》一系經典的心態也讓空海感到不安，他更希望最澄能夠循序漸進、耐心細緻地如法修習。

胎藏界結緣灌頂結束之後，空海又提出對最澄及其門下弟子傳授《法華儀軌》。《法華儀軌》即不空所譯《成就妙法蓮華經王瑜伽觀智儀軌》，是將《法華經》進行密教化的修法儀軌。毫無疑問，空海是為了迎合最澄一門將遮那業與止觀業進行融通的一貫宗旨。

《法華儀軌》一尊法的傳授，定在了來年的二月份；可惜的是，最澄無法參加，具體緣由現在已無從考證。不過，當他得知這一消息之後，還是寫信殷切地囑咐泰範，一定要好好跟隨空海阿闍梨，學成之後好傳予天台後人。他在信中對自己的這位愛徒噓寒問暖，還附上一些錢財，以資助他在高雄山寺的學業，展現出他身為人師寬厚、體貼的一面。

最澄作為天台一門的宗主，百事纏身，的確不能像他的弟子泰範、光定一樣可以長時間地留在高雄山跟隨空海學習。弘仁四年（西元八一三年）正月八日，最澄以密宗阿闍梨的身分參加了在宮中舉辦的金光明會。自延曆二十一年

（西元八〇三年）以來，朝廷每年都會舉辦金光明會，南都六宗的十一位高僧屆時將被延請至宮中，在殿上辯經論義。最澄作為新宗派天台宗之代表，於弘仁四年之時也自然受到了邀請。

出席這樣的盛會，是非常榮耀之事，空海當時實際上尚無資格參與；然而，當時的最澄卻正在執弟子之禮向空海學法，兩人之境遇未免讓他們彼此都有些尷尬。最澄參會之前，曾向空海寄信說明，這次只是去參加一次「小小的佛事」，結束之後便會即刻回山參奉空海，受法之志片刻不敢忘懷。

金光明會結束後，正月十八日，最澄又向空海寄去一封信，信中表明想要向空海借來《御請來目錄》中的所有經典、儀軌，抄寫之後留作經藏資料存用。

表面上看，這只是一次普通的借經，只是經藏的數目要遠超以往；不過，其實內裡卻蘊含著破三昧耶戒的風險。密宗的三昧耶戒，有著與此法門締結契約的意味；如果未得傳法灌頂、未獲學法資格，便擅自閱讀某些儀軌、經典，是不被允許的。針對最澄這種頗為冒險的試探，空海具體是如何回應的並無史料明確記載；毫無疑問的是，最澄遭到了拒絕。

最澄急切的求法心情固然可以理解；但不論是出於自身的健康狀態，又或是為了完善自宗的教法，在空海看來，這次的請求的確是有些操之過急；即使在今時來看，也頗有些莽撞之感。

弘仁四年二月，空海向泰範、光定、元澄等人傳授《法華儀軌》。隨後在三月六日，為包括以上三人在內的太僧五人、沙彌十二人開金剛界灌頂壇，傳授金剛瑜伽五部的真言、印契、梵字、梵讚等內容；這些內容顯然比最澄所受金剛界結緣灌頂要廣泛許多，也由此可見空海提攜後學的殷切心意。

此後，最澄的弟子元澄和光定等人離開高雄山寺，返回了比叡山；但是，最澄特別器重的弟子泰範並沒有離開。或許，之前被最澄門下諸弟子合力排擠而被逼下山的陰影，還在他心頭盤踞，久驅不散。

只是，最澄一直都想要泰範返回比叡山；為此，他也費盡了心力。

當年六月，最澄去信給在高雄山寺的泰範。想讓泰範返還十卷本的《摩訶止觀輔行傳弘訣》一書，這是他留學大唐時帶回的典籍。最澄說，比叡山上的後學在研讀《摩訶止觀》時，《弘訣》一書作為必不可少的參考注釋，不可或缺，因而請泰範歸還。實際上，最澄還是想藉機讓泰範返回比叡山。此時的最澄已經隱約感覺到，泰範早已有了棄天台宗而投空海門下的心意。只是，他的確不想讓他最為器重的弟子疏遠師門，離他而去；因此，最澄之後又多次鴻雁傳書，勸說泰範回山。

可惜的是，泰範最終不僅沒有回到最澄的身邊，還繼承了空海「密勝顯劣」的思想！

此間，最澄還曾親自到高雄山寺，當面向空海言明想進一步學習金、胎兩部大法，欲在數月之內潛心跟隨空海，以期獲得最終的傳法灌頂。但是，空海卻回稱，欲要盡學金、胎兩部大法，需在其門下至少三年的時間，才能得到完整的傳授。或許，先前最澄冒著違三昧耶戒的風險、突然向空海借用所有經典、儀軌之事，已經引起空海的警覺；這種太急於求成的方式，對於密法的弘傳是極其不利的。因此，空海對最澄的力請，才有了三年方能功畢的託辭。

三年的時間，最澄自然是做不到的。他畢竟是一山之主、一宗之祖，難以輕易放下肩上之責任。只不過，最澄之前曾經閱覽過空海奉上的《御請來目錄》，便已知曉，空海在唐時僅用了三個月的時間便得到了金、胎兩部大法的全部傳授；現今，空海卻對他說要三年才能功畢，這種說辭讓他無可奈何。他本期望能在一夏之內便學完，三年的時間只能讓他望而卻步。最澄無法應允，只好先返回比叡山，往後再圖學法之事。

九月一日，最澄撰成《依憑天台集》，依據中國、新羅等地諸多高僧所傳天台宗教義，介紹他們思想理論的形成過程，並特別主張天台宗教說於諸宗中最為優越。最澄認為：華嚴、法相、律、三論、密宗等宗派的論著均受到天台宗思想的影響，天台教法實為佛陀一代時教的心髓。在《依憑天台集》的最後，最澄還特別提到：所謂「貴耳賤目」，只是漢人的傳統；於今，國人敬遠輕近，雖在所難免，但唯願有心探求聖道的君子能夠遠離愛憎，以佛法真理為重，熟察諸宗異說。

最澄對「貴耳賤目」的感慨，很有可能是針對空海所提出的「祕藏奥旨唯在以心傳心，文是糟粕瓦礫」的觀點。三年之後，最澄又為《依憑天台集》撰寫序文，文中指出：「新來之真言家，則泯筆授之相承。」毫無疑問，此話的鋒芒更是直接指向了空海。

弘仁四年的初冬，空海有感於自己已至不惑之年，遂作「五八詩」為念。四十歲時作「五八詩」本是大唐習俗，當時業已傳到日本。從出海入唐算起，如今已度過近十年的光陰；回首過往十年，空海可謂身懷壯志、出生入死、風雨兼程而又矢志未移；歷歷場景重現，自然會有感而發：

黃葉索山野，蒼蒼豈始終；嗟餘五八歲，長夜念圓融。

浮雲何處出，本是淨虛空；欲談一心趣，三曜朗天中。

空海還特別為此詩作序，一併送予知己友人。因為世尊於八十歲時涅槃，所以四十歲也被稱為「中壽」，這首五八詩亦被稱作〈中壽感應詩〉。

藉著題寫〈中壽感應詩〉的機緣，空海還以不空所譯《文殊讚法身禮》的四十行頌為依據，撰寫了文殊讚《一百二十禮佛》，並附上注釋書《義注》，配以《方圓二圖》。

〈中壽感應詩〉一出，便在南都之中迅速傳開；一時間，南都紙貴。處在南都北向不遠的最澄亦得到了空海的贈詩。他想要寫詩回贈，但是他並未接觸到詩之〈序文〉中所提及的《一百二十禮佛》、《方圓二圖》以及《義注》。因而，十一月二十五日，最澄寫信給泰範，探問空海新作內容以備和詩。這封寄給泰範的信箚被稱為〈久隔帖〉，也是最澄傳至今日的書法名作，現藏於奈良國立博物館。

最澄委派弟子貞聰前往高雄山寺將信箚帶予泰範。在〈久隔帖〉中，最澄言明想要借閱空海的新作；他還在文後附註，稱自己新得一《法華經》梵本，想請空海過目。如若允許，計畫於下月九、十日前往拜謁；如若無暇，則可另待他日。行文之中，他依然流露出對於空海的謙卑和敬意。

值得一提的是，〈久隔帖〉送至泰範的同時，最澄亦遞送了一份「借請狀」。借請狀的原文現已佚失，但據有關文獻記載稱，最澄此次想要向空海借閱《一百二十禮佛》、《方圓二圖》、《義注》以及《理趣釋經》，並稱將在「下月中旬」返還。

這封借請狀是否真實存在過呢？槙尾山施福寺中藏有一篇斷簡，出自於江戶中期，是對空海所書文章的臨摹作品。其中有「中壽和詩再三諷詠」一句；而且，從「十二月十六日」的題寫時間來看，正如記載所說，近於最澄請借狀中所言及的「下月中旬」。由此推測，空海在接到最澄寄來的和詩之後即刻便寫出了回信；更進一步地推測，最澄的這份借請狀應是真實存在過的。

但是，記載中提及的《理趣釋經》，最澄是否真的向空海請借過呢？關於這點，後世一直存有爭議；甚至有人懷疑，這是後人故意附加上去的。

在《續性靈集補闕鈔》中收錄了一封空海的書信，其內容正是對請借《理趣釋經》的嚴詞拒絕。自古以來，學者對這封信的真偽便眾說紛紜；因為，信中的言語風格，直白嚴苛，烈如夏日、冷如秋霜，是一反空海常態的。他的文章一向是筆底生花、辭趣翩翩，接人待物也素來是溫和有禮的。只是，如今後人已難以分辨真假。

在這封素存爭議的長信中，空海言明：《理趣釋經》乃祕藏之奧旨，僅靠閱讀文字根本無法得窺真義，唯有以心傳心方可；如今若非法傳授，將來的弟子們又該向何處求取真法呢？傳授非法，即名盜法，這實在是一種誆騙佛陀的行徑。空海所言非常明確：既不想為之，亦不能為之！

除此之外，還有一種說法認為，空海所書的拒絕信是存在過的；然而，對象並非最澄，而是最澄的弟子元澄。因為，後世另存有一份空海所書的信件，其內容主旨與《續性靈集補闕鈔》收錄的文章大致相同，只是落款時間和收信者姓名並無記載。文中稱，經法傳授之道，「往年業已傳授」。

所以，有學者指出，所謂「往年業已傳授」，指的應該是弘仁四年二月空海在高雄山寺為泰範、元澄等人傳授法華一尊法儀軌之事；更有學者據此推測，此信當為弘仁八年時空海寄予元澄的書信。對於一位受法於自己的晚輩，空海還是很有可能說出如此嚴厲的一番措辭。

只不過，無論最澄是否真的曾「冒違三昧耶」向空海借閱《理趣釋經》，抑或是空海是否曾對最澄回覆過措辭嚴厲的信件，二人關係的逐漸疏遠，已經是無法逆轉的了。畢竟，他們對於真言判教的根本理念是大相徑庭的。

弘仁六年四月一日，空海撰寫了〈奉勸諸有緣眾奉寫秘密藏法文〉，後人簡稱為〈勸緣疏〉。這是一篇有著非常明顯判教性質的文章，明確指出了「舊來的顯教」和「新來的密教」之間的差別。空海之不同於顯教的思想，如「法身說法」、「即身成佛」等密教思想，也在這篇文章中清晰地體現出來。它的問世，可以說是空海真言教學形成的一大轉機，也進一步促使了真言一宗的創立。而這背後，亦有皇權的推動。

早在桓武天皇時期，為了促使天台法華教義的流傳，桓武天皇曾命人將天台法義編寫七部以在南都七大寺中流傳。而在弘仁六年三月十七日，桓武天皇的忌日當天，嵯峨天皇則循此舊例，讓空海編寫真言經典以為促進密法的流傳。藉此因緣，空海遂將由唐請來的真言經典精選出三十六卷，以作抄寫流傳之用，並書成〈勸緣疏〉一文以助經典的流通。

弘仁七年二月十日，最澄收到了空海寄來的一封信箚。信中，空海督促最澄，請其儘快返還曾借予他的澄觀撰《新華嚴疏》上帙十卷，以及《烏瑟澀摩法》一卷等經典。最澄隨即還書，並在返書信中說，若有時間，一定前去拜謁，只是現在無法抽身，難以前往。這是二人之間以各自名義往來的最後一封信件。

同年五月一日，最澄向一直留居於高雄山寺的弟子泰範發出了信件，勸其返回比叡山，並與他同行，巡錫東國（今日本關東地區）。

信中，最澄自稱年屆五旬的老僧，恐命不久，希望泰範早歸。高雄山灌頂時期，最澄曾與泰範志同道合，一心求法，共期佛慧，矢志弘傳天台法華一宗；卻未料，泰範如今卻已背本願，久居別處而不歸。的確，去劣取優乃世間常理；

然而，法華一乘與真言一乘果能分出優劣嗎？最澄如是質問泰範。

將天台法華與真言密教的思想匯為一乘，是最澄終生堅守的志向，他於此矢志不移。因而，即使泰範是自己最喜愛的弟子，最澄對於泰範從空海那裡繼承的「密勝顯劣」觀點還是無法苟同。他對泰範苦口婆心地規勸，既有對師徒情誼的不捨，也出自於佛法理念上的堅守與執著。

最澄的信箚抵達高雄山時，泰範身處但馬（約今之兵庫縣北部）之地，返回高雄山寺已是八日之後。泰範對恩師的勸說大概覺得無所適從，據說他只好將此信交給空海以尋求應對之方；最終，空海決定親自代筆替泰範回信。

空海在代筆信中稱：我泰範智昧，不辨菽麥，難分玉石；若論及法華一乘與真言一乘的優劣，於此高問深究則委實難當。繼而，空海謙虛地說自己接下來僅是「略陳管見」，卻於後文詳細論述了顯密二教的差別，鮮明地表達了「真言優於法華」的立場。最後還聲稱：唯願耽執於真言醍醐之味，而不敢再嘗顯教之藥！最後，更是直接替泰範表明，已絕無返回比叡山之意了。

這封回信，其實是空海立場鮮明地向最澄展現出與其針鋒相對的判教思想。而最澄則認為：法華一乘是隨自的實教，除真言之外的其他法門，都是隨他的權教；權實有別，優劣立顯。而天台法華一乘之心髓，則又涵括了灌頂密法之真言。因此，法華一乘、圓密一致，實乃佛陀一代時教的最高法門，不可將其視為獨立於密宗、且不及於密宗的另一體系。

二人在教判思想上，從一開始其實就是相違的；只是，在前期的互動中，礙於情誼，無法言明。但是，在之後的往來過程中，這種根本理念上的差異還是逐漸地彰顯出來，自是無法避免的事。

最澄之後似乎也再無回信。泰範回信中表露出的意志剛毅決絕，已無再三挽勸的必要。這位曾經的愛徒，於身於心均已徹底地背離了師門；空海與最澄之間的交往，在文獻可查的記錄上，也從此再無痕跡。空海代泰範寫給最澄的回信，是二人之間的絕筆。

自此之後，二人訣別，再無往來。

後世中，有人將此事件視為空海與最澄訣別的導火線。但是，當我們在「定親疏、決嫌疑、別同異、明是非」的時候，若能冷靜、理性地思考，想必對兩位祖師的高潔品格、以及各自對真理所堅守的信解，都會由衷地崇敬吧！

二人的「訣別」更是直接激發了「真言密宗」與「天台密宗」兩大流芳千古、彪炳千秋的宗派產生。如雙峰並峙般的兩大宗派，後人又稱之為「東密」和「台密」，合稱「平安二宗」。

與時人的交遊

弘仁三年，天皇封賞奈良的唐招提寺，年屆花甲的住持如寶和尚受賜封戶五十戶。如寶此人，前文曾經提到，他是隨鑑真和尚東渡赴日的大唐僧人，但他的出身地據說是在胡國。在空海入唐之前，曾經給予悉心指導，與空海相交甚篤。如寶得賞之後，因慕空海書法，遂請其代筆向朝廷上呈謝表。

空海過去曾寫信給如寶，稱自已「入山以來，都絕卻人事，不屑臨池；寸陰是競，攝觀心佛。」所謂入山，應指入京都高雄山。空海作為當世之書法名家，臨池學書自是本分之事；但他骨子裡又是佛教徒，更會傾心於寂靜安住、潛心修行。只是，當接到如寶的委託之後，自感往日恩情不可忘卻，於是便迅速脫離「林泉醉我，一入忘歸」的狀態，願為如寶「專使馳奉」，迅速寫就了〈為大德如寶奉謝恩賜招提封護表〉。

空海的待人接物，總是面面俱到，溫和而敏銳。他對曾問學過的前輩高僧一向謙卑、誠懇，與當時南都佛教高僧的交往，也素來慎重、融洽。他擅長交際，總讓人有如沐春風之感；他雖然溫和，卻又不怯懦行事。既受人所託，便盡其所能地予以幫助。

護命和尚時有「南都佛教第一人」之稱。其門人中璟曾經犯下「不護戒行、違越王制」的過錯，罪及至死。護命惜才，希望能給徒弟留有懺悔的餘地，便請空海為其上書，望能從輕發落。

於是，空海寫就〈請赦僧中璟罪表〉呈予嵯峨天皇。關於中璟具體的犯戒行為，空海在上表文中雖然沒有直述，卻引用了了《大唐西域記．卷五》所記「大樹仙人見宮中美女而起欲心」以及《楞嚴經》中「阿難尊者被摩登伽女所誘」的佛教典故；不難想像，這一定與中璟觸犯淫戒有關。除佛典外，空海還大量援用《論語》、《荀子》等儒家典籍。如表文中，空海稱中璟為「下愚不移」，雖死有餘辜，但希望天皇能效仿周成王「刑錯而不用」。

空海的上表，收到了怎樣的回應如今並無相關資料。但從時間來看，《請赦僧中璟罪表》寫於弘仁五年的七月二十六日，而就在十八天前，當月八日，空海剛剛向嵯峨天皇呈上了《古今文字贊》、王羲之《蘭亭碑》以及《梵字悉曇》等十一卷書籍。以嵯峨天皇和空海的交情，想必會對中璟網開一面吧！

只不過，按常理來說，這並非一件好差事，極有可能會招致朝廷對他的反感。不過，空海此次的挺身而出，也讓他與南都諸僧結下了情誼，於南都諸宗中樹立了威望。

空海與護命的交往也一直延續下來。天長四年（西元八二七年），護命於七十八歲高齡時升任僧正；兩年之後的九月又迎來了八十歲壽辰，空海遂贈詩相賀，並代護命之弟子中繼起草〈秋日奉賀僧正大師詩〉。不僅如此，空海還親臨壽宴，與諸高僧共敘情誼。

空海的卓然文采與高潔品行，備受時人推崇，請他代筆或撰文者絡繹不絕。

弘仁五年八月，受下野（關東地名）伊博士所托，空海為下野僧人勝道撰寫了〈沙門勝道曆山水瑩玄珠碑〉，歌頌了勝道上人開創日光山的功德偉績。勝道後於弘仁八年圓寂，時年八十一歲；空海很可能並未曾親見勝道本人，而能於碑文中總結其一生為佛教所作之功業，應該是來自於伊博士的轉述。這也說明，空海之好文，其聲名業已遠播於關東地區。

弘仁七年六月二十七日，嵯峨天皇派使者佈勢海，將五彩吳織、錦布鑲邊的五尺四帖屏風送至高雄山上，讓空海題詩。八月十五日，空海題寫了〈敕賜屏風書了即獻表、並詩〉的四帖書法作品。其詩以草書寫就，顧盼有情、精神飛動，這也是空海最為著名的草書作品。

嵯峨天皇一如既往，將質地最優的屏風交予空海題字，這對他無疑是極大尊寵。嵯峨天皇是一代英主，不僅是空海的文友，亦是其生命中的貴人，予其弘揚密法最大的支持，空海自然銘感在心。同年的十月十四日，他呈上〈祈誓弘仁天皇禦厄表〉，並在高雄山上連續七天修法以祈佑天皇身體康健。

空海畢竟是那個時代極少數走出國門的人之一，而他又通唐話，與之交往者亦不乏外籍人士。

弘仁五年，渤海國國王大言義遣使節王孝廉等人訪日。來年正月，使團一行於京都宮中受到了嵯峨天皇的宴請；此時，王孝廉與空海已有書信往來。其實，早在入唐留學之時，空海就與渤海國人有過交往，他曾代遣唐大使藤原葛野麻呂向剛好來唐的渤海國太子寫信。此次渤海使節來訪日本，空海亦負責書信方面的往來。不幸的是，王孝廉在歸國途中罹難，空海悲切萬分，泣淚寫下

「一面新交不忍聽，況乎鄉國故園情」的名句，以寄託哀思。

真言教學的推廣

如前文所說，弘仁六年四月一日，空海曾寫就〈奉勸諸有緣眾奉寫秘密藏法文〉（〈勸緣疏〉），並在嵯峨天皇的推動下精選出三十六卷密宗經典，傳送至南都諸寺。同時，空海又派遣康守、安行等弟子前往東國傳播密法，奉勸當地僧俗抄寫三十六卷經典。據記載，當時在東國，抄寫經典的工作主要由各國講師（國師）負責，之後將分發於各國的國分寺之中供人學習。

為了推動真言教學，空海曾多方奔忙；此時，多年來積累的人脈也終於得用。在東國地區，與他交遊之人亦不在少數，如甲斐國守藤原真川、常陸國守藤原福當麻呂、以及陸州僧德一和下野僧廣智、萬德等人；空海一一向他們去信，請求為抄寫密典、弘傳密宗助力。

這其中，陸州的德一法師，便借此機會仔細地閱覽了三十六卷真言密典，並寫信向空海請教，提出了諸多疑問。

德一並非等閒之輩。據傳他是權臣藤原仲麻呂的第九子，出家後曾於興福寺修圓門下學習法相宗，後居東大寺，因難以接受南都的奢華之風而轉徙東國。他是東國法相學之第一人，學識淵博，富有辯才，空海亦曾令弟子康守拜在德一門下受學。

讓德一在歷史上留名的因緣，更多是因為他和最澄之間的相互問難。德一站在法相宗的立場，認為最澄所推廣的天台教學亦是「權教」，而非表達佛法真髓的「實教」。為批駁德一的《佛性論》，最澄曾於弘仁八年特別著述了《照權實鏡》。德一不愧是強大的對手，最澄之後又著述《守護國界章》和《法華秀句》，為的便是駁斥來自德一的問難。

雖然德一的立場不同，但他對真言密典的關注，也影響了東國整個佛教界，帶動了學習密典的風氣。

不唯東國，就連本州西端的鎮西府，空海也特別給故人去信，希冀得到流通密典的幫助。

這時，空海的真言教學，迎來了「東風」，從大唐攜回的密典終於推向了全國。他的影響力日漸深廣，就連自己當年的師長也專程前來禮敬、學習。弘仁七年七月，作為空海剃度師的大安寺勤操，就曾率領一眾名僧親自登高雄山拜謁，從空海稟受三昧耶戒和金、胎兩部灌頂。

在《勸緣疏》的基礎上，空海將多年來積澱的思考結論進行了系統整理，進而撰寫出《辨顯密二教論》一書，這是空海一生中最重要的論著之一。書中鮮明地表達了空海的判教觀，即將佛陀一代時教橫向分為顯、密二教。之後又作《十住心論》，依《大日經．住心品》內容，將包括日本流傳的各宗在內的全部佛法，判別淺深，豎向分為十個層次。橫、豎兩種判教，均以真言密教為最高。他從能說之佛身、所說之教法、成佛之遲速、教義之勝劣等多個方面，分別論述了密教優於顯教的地方。這般系統化且成熟的判教思想，也為真言宗的成立打下了堅實的基礎。

從空海回國，至今已歷十餘年。尚在大唐之時，他就曾立下誓願，要將真言密法帶回日本，造福國民；只是，甫回國時，毫無根基，只能蓄志待時。他一邊堅持自修，一邊隨緣度眾，徐徐地推進弘法計畫。最終，空海那如青蓮絕塵般的高潔品格，得到皇親貴胄、文武大臣、黎民百姓乃至於整個日本佛教教團的認可，眾人如葵藿傾葉般崇仰著他。

此時，空海沒有沉溺於虛名之中。他所需要的是棲心幽谷、蕩慮南山，他需要一個遠離憒鬧、寂靜安住的地方以潛心修行；在這樣的地方，最好能創建一個專弘密法的伽藍，這也是他一直以來深藏於內心的夢想。

第七章　高野山初創期

於金剛峰寺，奉建毗盧舍那法界體性塔二基，及胎藏金剛界兩部曼荼羅。然今，工夫數多，糧食難給。……伏乞諸檀越等，各添一錢一粒等物，相濟斯功德。

關於高野山的開創，至今流傳著許多軼聞。

如同空海自己在〈御遺告〉中所說：

去歲弘仁七年，表請紀伊國南山，殊為入定之處。作一兩草庵，去高雄舊居，移入南山。其峰絕遙，遠阻人氣。吾居住之時，明神衛護頻在。

所謂「明神衛護」，通常指的是丹生、高野兩大明神對空海的護佑。女神「丹生津姬命」自上古時期就受人祭祀；她將所居之高野山視為清淨之地，不許人前往；若有人不慎犯境，必定會受到傷害。而空海前往高野山之時，她卻一反常態，自感榮幸之至，並託巫祝相告：「妾在神道，望威福久矣；今菩薩將到此山，妾幸也。」這件事乃是空海本人所述，出自於〈御遺告〉。

初建大伽藍

此外，還有一則更為人津津樂道的故事。

如前文所說，空海在大唐明州離岸歸國之前，曾向空中投擲一把三鈷杵入海，祈禱神靈示現密宗根本道場之所。歸國十年之後，空海展開了尋找三鈷杵之旅。他行至大和國的宇智郡，遇見了一位牽著一黑、一白兩條獵犬的獵戶；獵戶告訴他，那個三鈷杵就在高野山上。空海聞之，驚喜非常。

隨後，在獵戶的引領之下登山尋杵。至山中空闊之地，果然發現當年擲出的三鈷杵於山中的松枝上懸掛著。於是乎，空海當下認定高野山就是他弘化真言密宗的天選之地。三鈷杵所掛之松，又被稱為三鈷松；空海隨後在高野山上建立的大伽藍道場，正是以這棵松樹為中心，至今猶在。

而引導空海尋杵的那位獵戶，自然不是凡人，他是高野當地的土地神——狩場明神，或稱高野明神。（註一）

弘仁七年六月十九日，四十三歲的空海向天皇上表，稱國主之土地不敢擅用，故而希望天皇能夠賜予空地，以開闢一處新的修禪道場。〈上表文〉中稱，自己「少年之時，好涉覽山水。從吉野南行一日，更向西去兩日程，有平原幽地，名曰高野，計當紀伊國伊都郡南；四面高嶺，人蹤絕蹊。今思上奉為國家，下為諸修行者，芟夷荒藪，聊建立修禪一院。」

空海看好的地方，就在京都之南的高野山。

此外，他還附上了一通寫給主殿佈勢海的信箚。信中說道，自己在由唐歸國的途中遭遇暴風，在風雨飄搖、生死未卜之際，曾發一願：願歸國之後，建一禪院，以作修行；並回向諸天威光、擁護國界、利濟眾生。

自空海平安歸國，已過去十年之久，然而初心難忘；而今諸緣皆備，是時候踐行當初的發願了。

〈上表文〉中所說的「少年之時」，並非指童少時期，而是空海從大學退學到剃度之前的那段山嶽修行時期。當時的空海，曾在吉野、高野、大峰等紀州半島一帶的綿延群山中跋涉，對於山中突然生出開闊平地的高野山留下了深刻的印象。或許，在那個時候，甫及弱冠的空海，已在心中萌生了今後在此繼續修行的計畫，並一直為此思思念念。如今，萬事俱備，只欠「東風」，他終於可以將這埋藏了近二十年的想法提出來了。

空海的上奏很快得到了允可；朝廷向紀伊國司處下達了太政官符，以推進政令的施行。

然而，以當時的國力，要在高野山當地建立道場亦絕非小事，仍需要多方助力、按部就班。於是，空海又再次提筆寫信，向當地人士提出伸援之請求。《高野雜筆集》中收編了空海寄予紀伊國某人的一封信。信中，空海稱自己的遠祖為太遺馬宿禰者，與對方之先祖紀伊國之國祖大名草彥命有血緣之親，因而早就想前往拜會。然因諸事纏身未能前行。而今將於高野之地修建一所禪院，且先派弟子泰範、實惠前去營造一、兩草庵，先行住下，以備長遠；而自己將於來年的秋天，前去高野山參謁。

如信中所言，弘仁九年（西元八一八年）十一月，空海離開高雄山，登上了高野山，並在泰範、實惠等弟子所結的「草庵」之中度過了整個嚴冬。具體登山日期並非原計畫的秋天，而是冬月。

高野山的冬天，雪虐風饕，寒冷難耐，營造伽藍之事也受到了阻礙。至臘月時，東宮大夫藤原冬嗣掛念著尚處於高山荒嶺中的空海，派人專程送去了燈油和禮裘；於是，空海能裘衣裹身、挑燈夜讀，這才使得數九寒天的高野山中有了那麼一點「人情味」。

山高雪豐之地，冬季尤為漫長，過春及夏方有稍許暖意。弘仁十年五月三日，綢繆多年的大伽藍終於能破土動工了。

密宗行者於修法行事之前，為防止魔障侵入，素有「結界」一說：規劃一定的地區範圍，通過修行結界作法，以祈禱道場內的安寧與瑜伽行者的身心康泰。開創高野山根本道場是一場千秋大業，結界作法自是必不可少的。空海即以三鈷松處的伽藍區域為核心，以方圓七里為界劃定了壇場；這方圓七里，日後也成為高野山「女人禁制」的範圍，亦即為保護僧侶們的持戒修行，不允許女人進入其內。若有女性想參禮大伽藍的話，只可在方圓七里外的「女人道」處遙拜。傳說，空海本人也曾為遵守這條禁令，一月間九次下山去照顧病母。

直到近代的明治時期，高野山的「女人禁制」才被解除。

《性靈集補闕鈔》中收錄了空海結界作法之前所書的〈建立高野壇場結界啟白文〉。文中，空海敘述了密宗自大日如來以降各位祖師的傳承經歷，乃至於密法從印度傳入中國，又從大唐被自己帶回東瀛的歷程；文中並言明，密法的弘傳必須要有一專屬之地，以供密乘行者修法、傳承。如今，空海選定該地，修建道場，祈禱諸佛天神能降臨護佑。

空海率領弟子日夜不間斷地修行了七日七夜，結界作法方才結束。之後，伽藍才真正開始動工。

在空海的構想中，他想要將高野山的壇場建成可身處其內的、立體的金胎兩部「羯磨曼荼羅」。（註二）

伽藍的完成需要多方共同合作，需要充足的財力購買建材、雇傭勞工，同時又要做好後勤保障，為眾人提供住房與餐飲等，種種事宜瑣碎而複雜。至於修建資金，朝廷則沒有具體的明文政令。事實上，高野山伽藍道場的建設資金一直都不充裕。

據記載，空海在世時，整個伽藍道場的修建一直未能完成。當時所完成的建築有一座高十六丈的多寶塔、一棟三間四面的講堂以及二十一間僧房；其中，多寶塔即為現今高野山壇上伽藍根本大塔的原型。事實上，在空海入滅前，這座巍峨的高塔也只完成了一半。

空海曾向人去信說：

去月十六日，來住此峰。山高雪深，人跡難通。限以此事久不奉消息，悚息何言。辱惠米油等物，一喜一躍。雪寒，伏惟動止如何？

從信中明確看到，空海在向人求取米油等食物。「緣無釘子，工手不能畢工，望早垂惠。」足見，空海為建成伽藍道場，可謂煞費苦心，就連工程所用鐵釘都需要多方籌措。

在空海入寂的前一年，他還曾為籌建大塔和西塔撰寫了〈敬勸奉造佛塔曼荼羅等事〉一文。其中寫道：

> 於金剛峰寺，奉建毗盧舍那法界體性塔二基，及胎藏金剛界兩部曼荼羅。然今，工夫數多，糧食難給。……伏乞諸檀越等，各添一錢一粒等物，相濟斯功德。

入寂前的空海亦可謂是名滿天下了，卻依然要為建塔之事親寫勸捐文章，足見高野山開山時的艱難情景。

其實，空海早在弘仁十年結界作法結束之後，便因為朝廷的召喚而離開了高野山；其道場的修建工作，主要在弟子泰範、實惠、智泉，以及高野山真言宗第二代傳承者真然的主導下進行。

弘仁十年七月，空海返回京都，赴中務省任職。中務省隸屬於太政官的左弁官，為天皇近侍，行政長官為桓武天皇的皇子萬多親王。當時的中務省設有僧供所，空海即在其中任職。據《日本紀略》記載，就在當年的七月，因天久旱不雨，天皇遂詔令國內諸寺常住僧人連續三日諷誦《大般若經》，以祈天降甘霖，任職於中務省的空海亦參與、組織了這場全國性的法事。

當時的空海應該還是居於高雄山寺。他於中務省履職期間，還一直心繫著高野山伽藍道場的建設情況，並常往來於高雄山和高野山之間；為了途中停歇之便，他還專門委託實惠在河內長野修建了觀心寺。

勤於著述

此間，空海同時操勞著「國事」和「教事」，真可謂是席不暇暖。但他仍恬掛著真言密宗之教學體系的完善，並寫就了三部著作，即《即身成佛義》、《吽字義》和《聲字實相義》。其中，《即身成佛義》一書詳述了不同於顯宗的「即身成佛」理論，於真言教學思想顯得尤為重要。

如書名所示，其中論證了密宗修行的道次第理論。與顯教所倡之「三劫成佛」不同，真言乘瑜伽行者若依密教之法修習，可於今生依父母所生之身直接成佛。「即身成佛」這一理念並非空海之原創；據傳，龍樹所著、不空所譯的《菩提心論》中便有提及，《即身成佛義》乃是依此而展開論述的。

至於《即身成佛義》的寫作動機，據載，是空海為了回應法相宗名僧德一所著的〈真言宗未決文〉，以及來自東大寺華嚴和尚的疑問；與此同時，比叡山的最澄也正在努力提倡「法華一乘」方為即身成佛的最大捷徑。對此，空海需對「真言一乘」的優越性和獨特性給出合理的詮釋，以及詳細的方法論。

除了以上所述三部與佛教教義相關的論書之外，空海於此時撰述了關於詩文創作的六卷本《文鏡秘府論》。這是一部偉大的文學理論著作，可謂是日本的《文心雕龍》。(註三)全書彙編了中國南北朝至中唐時期的大量詩歌，分「天、地、東、南、西、北」六卷，用大量篇幅論述了詩歌創作的聲律、詞藻、對偶、典故等形式技巧問題；其中關於詩歌的聲律，空海又進一步依據密教的「聲字實相」思想來展開論述。這本文學理論著作有著頗為濃厚的佛教色彩。

不唯文學理論，空海還編撰了日本歷史上第一部漢字字典《篆隸萬象名義集》。全書共三十卷，依中國南朝梁陳時期的顧野王所作《玉篇》(註四)編撰而成，其部目次第與現存之《玉篇》殘稿皆能吻合。對文字的註解說明中，空海還引用了頗多在唐時的經歷見聞；這種附註的說明只能從現存的草稿本中看到，應該是空海當年編撰此書時所作的備忘筆記。

在參與國家宗教事務、建寺安僧、完善教學之餘，據傳空海還曾行腳至東國(今日本關東、東海地方)各地。當時的東國，人煙稀少，佛教影響力亦弱；因此，近畿地區(今日本本州中西部)的高僧前去東國巡歷傳教者不在少數。如前文所說，最澄曾經約泰範一同前去東國巡遊；後來，最澄也確曾前往。空海也曾派弟子前往傳教。

至於空海本人是否曾巡歷關東諸國，依目前的史料來看已難辨真假。畢竟，身處近畿地區，不斷往返於朝堂和高野山的空海，應是心有餘而力不足吧？不過，歷史上一直有空海曾經到訪過日光山（今日本關東北部的栃木縣）的傳說。

弘仁十一年十月二十日，嵯峨天皇敕賜空海「傳燈大法師」之位，這亦是對空海在中務省工作時期的一種肯定。在此基礎上，他很快又被委以重任，這是一項來自朝廷的、更加艱巨的任務。

修築滿濃池

滿濃池又稱萬農池，在《今昔物語集》卷二十中有如下記載：

昔日，讚岐國多度郡，有極大池，曰萬能池。其池，弘法大師為哀其國眾生築給池也。池周遙廣，巡築高堤，不見池等，可見海；池深無底，大小魚類無量。

事實上，空海也的確參與、主持了滿濃池的修築。滿濃池本是一座池塘；據說，是在八世紀初，當地人為防止乾旱和洪澇挖築而成。可惜的是，因修築技術匱乏，工程則一直不能完善，洪水來臨時常有決堤事故發生。弘仁九年（西元八一八年），當地發生了決堤事件，農田瞬間變為泥海，萬人受災，苦不堪言。兩年後，朝廷雖曾派遣路真人浜繼為築池使負責修築工作，但因人力不足而中途作罷。

讚岐國本就是空海的故鄉。空海學成回國之後，隨著在京中名聲漸響，影響逐漸增大，已有「大師」、「神僧」之謂，在家鄉的呼聲也越來越高。加上他博學多長，在大唐之時亦曾專學過建築營造的技藝；因此，在路真人浜繼負責築池失敗的次年，即弘仁十二年，空海被讚岐國之國司舉薦，擔任築池別當，全權負責滿濃池的修築工作。

在讚岐國司的〈請使傳燈法師空海任築滿濃池別當狀〉中亦稱空海是郡下多度郡人，讚美他為「行高離日，聲冠彌天」。從這篇文字簡短的請狀中，亦能得窺空海當時的影響力。文中說空海「山中坐禪，則鳥巢獸狎；海外求道，虛往實歸」。由此可見，空海於大唐學成歸國以及常在高野山中入定修行的事蹟已為時人所知。

並且，空海於京都時，「居則生徒成市，出則追從如雲」的事蹟亦被記載下來。而家鄉的人民思念空海，就如同戀慕久隔的父母；「若聞師來，則郡內人眾無不倒履來迎」。他已被世人視為具有傳奇色彩的聖人，擁有著巨大的感召力，引發了熱烈的追捧。

修築滿濃池是利國利民的偉業，空海自然沒有推辭。

弘仁十二年的五月二十七日，太政官符下達到讚岐國司，言明朝廷將派遣空海前往負責滿濃池修築一事。空海也在接到政令之後，迅速率沙彌一人、童子四人啟程；不及半月，六月十日便抵達了讚岐。

空海在讚岐僅僅停留了不到三個月；有記載顯示，他在當年的九月六日便已經返回京都。這意味著，空海僅在三個月之內，就帶領當地的官員和民眾完成了修築滿濃池的工作。這可不是一件可以等閒視之的事情；要知道，上一任築池別當，曾花去整整三年的時光都未能完成。

之所以能在短暫的時間內完成如此浩大且艱巨的工程，一方面是因為空海擁有修行人所特有的堅韌與執著，具備強大的執行力和號召力。在他的影響下，應者雲集，大眾每日都能看到他親赴現場指導，並在岸邊築壇修行護摩的身影；前任別當苦於人力不足的困難，在空海這裡則迎刃而解了。另一方面，他在唐時曾留心學習了關於工程設計、建築技術等學問，這樣的本領使得他有著領先時人的優勢。

滿濃池現今位於香川縣仲多度郡滿濃町，以日本最大的蓄水塘而廣為人知。據記載，弘仁十二年修築後的滿濃池，水源來自於金倉川，堤高二十二公尺，周長為二里二十五町（約一萬公尺），面積為八十一町步（約八十一公頃），儲水量可達到五百萬立方公尺以上。滿濃池之後又幾經改良，面積有所擴大，直至今日仍發揮著重要的作用。

除滿濃池外，空海還曾參與了其他的治水事業，比如大和國（領域約為今之奈良縣）益田池的修築。天長二年（西元八二五年），受大和國高市郡白橿眾人委託，空海為紀念益田池的完成而撰寫了〈大和州益田池之碑〉的碑銘。擔任益田池築池別當一職的是空海弟子真圓，該工程的主要負責人伴國道與空海也是好友；所以，空海雖沒有親赴益田池的修築現場，但可推測他為工程的設計提供了技術指導。由此淵源，空海才撰寫了益田池的紀念碑銘。

注重農業的古代日本，水利事業關乎國本；空海所參與的兩項大型治水工程，毫無疑問是關乎國計民生的大事。作為一名宗教人士，能關心指導並親身參與這類經世濟民的大事，放眼整個日本史都是非常罕見的。因此，空海的這項義舉一直被後世傳為佳話。

及至鐮倉時代（西元一一八五至一三三三年）以降，湧現出許多關於空海在日本各地開路、架橋、築塘的傳說故事；這些故事的原型，即是空海修築滿濃池的史實。

期盼隱居修道

從歸國起至今，悠悠歲月已過去十五載。時光倏忽而過，也模糊了曼荼羅上諸尊的面容。

弘仁十二年（西元八二一年）四月，空海上表，著〈奉為四恩造二部大曼荼羅願文〉。文中稱，從唐攜回的兩部大曼荼羅、諸尊相以及祖師影像等二十六鋪的畫像，已有絹破、彩落、尊容模糊的情況，因此亟需修復。

在藤原冬嗣等人的助力之下，曼荼羅等畫像於八月末便修復好了。九月七日，空海已從滿濃池回到高野山，遂設香花啟建供養法會，以慶賀曼荼羅的修復完成。同時，亦為追念和祝禱亡故的友人，即當年身為遣唐大使共同赴唐的藤原葛野麻呂。

藤原葛野麻呂於弘仁九年十一月十日去世，空海當時初至高野山不久。友人離世的消息，伴隨著呼嘯的寒風而至，內心平添些許悲涼。當年二人曾一同經歷海難，在赤岸的沙灘上一同面對大唐的冷落，又一同縱跨大半個唐地才得以入京的場景，歷歷再現。為友人悲傷的空海，特別用金銀之絲，開始繡制十七尊的曼荼羅畫像，以表追念和超薦。

時隔三年，由唐攜來的曼荼羅修復完畢，「大樂不空十七尊曼荼羅」也已製成。在曼荼羅的供養法會之際，空海又特地抄寫、宣講《理趣經》，以之為藤原葛野麻呂回向。

法會中，空海展列出修復完好的兩部大曼荼羅以及真言密宗的七位祖師畫像，供人參禮。其中，金剛智、善無畏、不空、一行、惠果五位祖師的畫像是空海從唐攜來，為畫師李真所畫；五祖之上再加以龍猛和龍智，這樣便配成了真言七祖的影像。空海不僅為七組像題寫影讚，同時還作《真言付法傳》，簡略地介紹了各位祖師的經歷，以及真言密法傳承的譜系。空海之後所作的《秘密曼荼羅教付法傳》，被稱為《廣付法傳》；與之相對的《真言付法傳》則稱《略付法傳》。

弘仁十二年十一月，空海向藤原冬嗣寄去一封信箚，回顧了自己半生的事蹟，表達了隱居潛修之意；某種程度上，似乎也像是在交代後事。

信中稱，自己當年曾沐桓武帝聖恩而入唐求法，幸遇惠果阿闍梨，得授兩部曼荼羅灌頂，之後立志弘揚密宗於東瀛。歸國之後，曾將從唐求得之經卷、畫像和法器等物，委託高階遠成上呈朝廷。嵯峨帝即位後，當年所呈交的物品得以返還，並宣敕可傳授真言祕法。當其時，空海僅率二、三弟子日夜修行。之後，東大寺杲鄰、實惠，元興寺泰範、大安寺智泉等人，稍得真言大法的旨趣；其他學法之人，亦都或多或少得到了單尊法的傳授。

空海言，自己年近五旬，時日無多，真言密法傳授之事亦已完成，終日食國公糧實在慚愧，因此希望朝廷無需再配糧給他。

如今的他，遠離世間俗愛，委拒國家俸祿，希望能終日飲食清簡，兀然獨坐，以潛心修道；至於真言密法的傳播，交予杲鄰、實惠等人便可。他對弟子抱有很高的期許，認為諸弟子之中，能有二、三人可輔助兩位相國；兩相國的其中之一，指的便是藤原冬嗣。

信中最後，空海對藤原冬嗣說：

白雲之中，松柏豈變？此生他生，形異心同。

願共弘法利生，同遊覺臺。

空海之遠離世俗、醉心林泉的隱居志願，受到了一些好友的勸阻，他們當然希望如同「百科全書」般的空海能時時陪伴在自己身邊。當時擔任太政官的良峰安世就對此提出了疑惑：高野山中，行路不便，穀糧缺乏，生活清苦；雨雪之時，更為難捱。久居深山，何樂之有呢？

空海則答道：繁華之地不適合修習禪定，如南都諸寺，聚集的多是高談義學之僧；而遠離人境、默然坐禪、安心修行之道場，於日本國中依然缺乏。自已實為方外之人，本無家無國，既非人子亦非人臣，更應孑然獨立，安於清貧。安居於高野山中，澗水一杯，朝可續命；山霞一咽，夕可作穀。於此處長養精神，更可得法喜之樂！

空海不愧為真正的修道者！然而，此時的空海聲名正盛，雖有離世隱遁、寂靜修禪之意，但他能夠獲得朝廷的許可、急流勇退嗎？

【註釋】

註一：高野山御社位於高野山壇上伽藍的西端，分別供奉著丹生明神、高野明神（狩場明神）以及作為眷屬的十二王子、百二十伴神。丹生、高野兩位明神，一說為母子，另一說為夫婦關係。丹生明神又被視為天照大神的胞妹稚日女神，常示以女身的姿態；高野明神常示以牽著白、黑二犬的獵戶姿態。

空海開創高野山之際，曾勸請於此供奉丹生明神和高野明神，以作為總鎮守高野山的地主神。自大師以後，時至今日，山內信眾一直保持對兩位明神的尊崇。御社中所供奉的諸位明神，皆被視為金、胎兩部曼荼羅主尊大日如來以及觀音菩薩、辨才天等的佛菩薩及天神的化身。御社之前的拜殿稱為山王院，高野山真言宗每年皆會於此處舉行豎精、問講等重要法會。

註二：曼荼羅又可分為四種，即大曼荼羅、三昧耶曼荼羅、法曼荼羅、羯磨曼荼羅，略稱「四曼」。

空海《即身成佛義》中解釋如下：

《大日經》說，一切如來有三種祕密身，謂字、印、形像。字者「法曼荼羅」；印謂種種標幟，即「三昧耶曼荼羅」；形者相好具足身，即「大曼荼羅」；此三種身，各具威儀事業，是名「羯磨曼荼羅」。是名四種曼荼羅。

若依《金剛頂經》說四種曼荼羅者——

一、大曼荼羅：謂一一佛菩薩相好身。又彩畫其形像名大曼荼羅；又以五相成本尊瑜伽。又名大智印。

二、三昧耶曼荼羅：即所持標幟，刀、劍、輪寶、金剛、蓮等類是也。若畫其像亦是也；又以二手和合金剛縛發生成印是。亦名三昧耶智印。

三、法曼荼羅：本尊種子真言。若其種子字各書本位是；又法身三摩地及一切契經文義等皆是。亦名法智印。

四、羯磨曼荼羅：即諸佛菩薩等種種威儀事業等。若鑄、若捏等亦是。亦名羯磨智印。

如是四種曼荼羅、四種智印，其數無量，一一量同虛空。彼不離此，此不離彼；猶如空光，無礙不逆。故云：「四種曼荼羅各不離」。

註三：《文心雕龍》是中國南朝文學理論家劉勰創作的一部文學理論著作，成書於西元五〇一至二年（南朝齊和帝中興元、二年）間，可說是中國有史以來最精密的文學批評專書。

全書共十卷、五十篇（原分上、下部，各二十五篇），以儒家美學思想為基礎，兼採道家，整理了齊梁時代以前的美學概念，詳盡地探討「文學」的審美本質及其創造、鑑賞的美學規則。全書重點有二：一是反對不切實用的浮靡文風；一是主張「攡文必在緯軍國」之實用文風。因劉勰把所有的著作都視為「文學」，所以本書立論的對象極為廣泛。

註四：《玉篇》，又名《原本玉篇》，是中國第一部按部首分門別類的漢字字典，南朝梁大同九年（西元五四三年）黃門侍郎兼太學博士顧野王撰。《玉篇》現僅存若干殘卷，現存日本，《古逸叢書》中有輯錄。宋真宗年間，陳彭年、吳銳、丘雍等奉命收集並重新編修了《玉篇》，即《大廣益會玉篇》。因為加以區別，顧野王最早所編的《玉篇》一般被稱為《原本玉篇》。

第八章　東寺時期

弘仁帝皇給以東寺，歡喜不絕。
使成祕密道場，努力！努力！

乙訓寺、滿濃池、高野山伽藍大塔的修復和啟建，再一次讓空海的才華得到世人關注。這樣傑出的人才若能為國所用，實是萬民之福，朝廷自然不會輕易「放過」他！

營造東寺

弘仁十三年二月十一日，寒雪未消之時，空海接到了來自治部省的太政官符，命其在南都東大寺創設灌頂道場，為國修法。這對弘揚真言宗有絕大助益，也是空海願意去做的；隱居之事，只能再向後延。

太政官符中的內容，是嵯峨天皇敕命右大臣藤原冬嗣下達的。因去歲冬季有雷聲轟鳴，此為不祥之兆，恐有災情；因此，特命空海於東大寺立灌頂道場，修息災、增益之法，以鎮護國家。

於是，東大寺的東西兩塔之間建起了五間四面的灌頂堂，其內安置了金、胎兩部等九幅曼荼羅；與此同時，僧綱所還配置了二十一名真言宗僧人共同修法。這一灌頂堂，又被稱為真言院。東大寺真言院的建立，某種程度上也意味著，「真言宗」已逐漸被朝廷和佛教界所承認。

同年，空海為平城上皇灌頂。平城上皇已在權力鬥爭失敗之後遁世出家，其子真如親王亦隨之出家，並成為空海的上首弟子。空海後有〈奉為平安城太上天皇灌頂文〉傳世。

弘仁十四年一月十九日，嵯峨天皇又命大臣藤原良房宣敕，任命空海為東寺之「長者」（宗派之首長），欲將京都東寺賜給空海。

早在西元七九四年，桓武天皇遷都不久，便開始了東寺的營造。當時以平安京之南門羅城門為中心，在其左右各建一寺，即東寺和西寺；與之相對，奈良也建有東大寺和西大寺。東寺和西寺的修建，本為是鎮護都城之用；在行政職能上，亦作鴻臚館之用，以接待外國使臣。東寺雖早已動工，卻一直未能完成；從藏原伊勢人開始築寺別當一直更換，勤操也曾分別擔任過東、西兩寺的別當。

為了加速東寺的建成，朝廷也自然想到了空海的學識、人品和聲望，特別是他在土木工程上的才能。此外，空海作為真言宗的開創者，其所宣導的真言教學已經過了十餘年的弘傳，得到了世人的認同。作為知己好友的嵯峨天皇，此時也想著給空海在京城內建立一座專門的道場了。

所以，空海被賜予東寺，似乎是情理之中的事。而他在得到這一消息之後，還是喜出望外：

弘仁帝皇給以東寺，歡喜不絕。

使成祕密道場，努力！努力！

空海有強烈的意向，想要仿照惠果所居的青龍寺，將東寺建為專弘真言宗的「教王護國寺」；他並且特別強調「不令他人雜住」，亦即不讓他宗僧人居住。之所以如此決定，並非「狹心」，而是意欲「護真」，亦即保持宗門的純粹性，以令真言密法師師相傳。

空海所提倡的真言教學，是明顯區別於其他顯教各宗的；只是，他不像最澄那樣與南都其他宗派旗幟鮮明地展開對抗。最澄想要建立新的佛教形態，甚至想要在東大寺戒壇之外的比叡山另立大乘戒壇，這其實是公開對抗南都佛教的權威性。空海的做法則較為溫和，與南都各大寺的僧侶都維持著良好的交往；因此，在自己要立新宗、創建真言一門時，南都各派也都能平和地接受。

西元八二三年四月十六日，嵯峨天皇決定將皇位讓與皇太弟大伴親王，即淳和天皇。同嵯峨天皇一樣，淳和天皇也非常關注真言宗的發展，對空海的弘法事業亦給予了一定的協助。

同年十月十日，空海為完善真言教學體系，精選了真言宗經典中的重要的經、律、論以及梵字真言等共四百二十卷，編成了《真言宗所學經律論目錄》，又稱《三學錄》。在淳和天皇的支持下，朝廷頒布了太政官符的公告，令東寺置真言宗僧人五十人駐寺，由空海帶領弘傳真言密宗，並祈禱國家安泰。這五十人，於經，需要學習《大日經》及《金剛頂經》等二百餘卷經典；於律，需要學習《蘇悉地經》、《蘇婆呼經》以及根本說一切有部的七十三卷律典；於論，則需要學習龍猛（龍樹）《發菩提心論》、《釋摩訶衍論》等十一卷論典。

關於真言密教的戒律，雖為大乘所攝，但作為出家僧侶的真言行者亦須稟受比丘戒。惠果和尚曾研習《四分律》（註一），空海在大唐時亦隨其受學；而從印度東渡大唐的金剛智和不空兩位祖師，他們注重傳承的是說一切有部的戒律，簡稱《有部律》。稟受《有部律》，其實也一直是印度金剛頂系密教行者的一貫傳統。而空海所傳真言宗的戒律，既包含了《有部律》，同時也融攝了大乘戒律，並兼弘顯、密律儀。

天長元年（西元八二四年）六月，空海又被任命為負責東寺營造工作的「長官」一職。來年四月，為祈求淳和天皇病體康復，敕許於東寺內建造講堂。趁此機會，空海將東寺講堂完全遵照密宗儀軌進行設計，並將其塑造成為獨具密宗特色的殿堂。建成後的講堂之中，安置了密宗儀軌中供奉的五佛（大日如來、阿閦如來、寶生如來、不空成就如來、阿彌陀如來）、五菩薩（金剛波羅蜜多菩薩、金剛薩埵菩薩、金剛寶菩薩、金剛業菩薩、金剛法菩薩）、五大明王（不動明王、金剛夜叉明王、降三世明王、大威德明王、軍荼利明王）、六天（梵天、帝釋天，以及持國、增長、廣目、多聞四天王）等二十一尊，成為了日本最早的密宗群體造像。

之後，天長三年十一月，在空海的主持之下，東寺又開啟了最具標誌性的建築——五層大塔的建設。在當時而言，這樣的工程十分浩大，需要舉全京城乃至於全國之力才能畢其功。

據收錄於《性靈集》中的〈奉造東寺之塔曳運材木勸進表〉記載，當時營造東寺之塔木須從京都近郊的東山砍伐、搬運。並且，在空海的號召之下，全日本之六衛八省以及各位親王都紛紛回應、支持。據統計，僅木材的搬運就動用了「曳夫」三千四百三十人。遺憾的是，儘管如此興師動眾，仍因物力「匱乏」，直至空海離世，大塔也仍然未能完成。

除卻講堂和大塔，東寺內還營造了鐘樓、藏經樓以及密宗中所獨有的灌頂堂等建築。可以說，空海再一次非常有效地完成了朝廷下達的任務。與此同時，負責營造東寺的這一段時期，也成為他此生最為繁忙的一個階段。

在空海的直接領導之下，東寺逐漸確立了作為鎮護國家之根本道場的地位。毫無疑問，在東寺發展壯大的同時，真言密宗也會隨之愈發興盛。

空海駐錫東寺的時間，前後大約十年光陰。這在他的一生中，成為了弘法、社交活動最為豐富的時期，也是他在平安京時代最為大放光彩的一段時期。此時，空海所創建和傳承的教法體系已日臻完善，真言密宗之思想教學也漸至成熟。來自於全國佛教界的認可，以及皇親國戚、朝廷高官、地方長官的支持，甚至於普通民眾的皈信，使得他樹立了崇高的威望。若說他是整個日本國的「精神支柱」，是毫不為過的。

經過了長久而艱辛的積累，空海迎來了人生中最輝煌的弘法時期。自駐錫東寺始，空海每年都會舉行結緣灌頂，以接引和教化信眾；與此同時，在金、胎兩部大法的傳承上，也一直在努力培養優秀的僧才。天長元年，空海在東寺內為真雅（空海之弟、十大弟子之一）傳授了金、胎兩部「阿闍梨灌頂」。次年四月八日，空海舉辦安居法會，並對眾講經。至天長五年七月，又舉辦了更為盛大的「文殊會」。

空海修法之靈驗，是一直為朝廷所信任的，他也因此他常被召入宮內弘法。據載，弘仁十四年十月十三日，空海曾奉命於皇后院進行了三日三夜的息災修法。至天長二年七月，空海更被任命為東宮講師，以輔導當時的皇太子（後為仁明天皇）。

天長三年三月十日，是桓武天皇的忌辰，空海則為淳和天皇代筆，撰寫了追薦法會的禱文。次年的五月一日，淳和天皇在太極殿召請五百僧祈雨（註二），空海又為此起草了祈禱文，並且於大眾中講解了《大般若經》。九月，淳和天皇為故去的伊予親王祈求冥福，布施了大和國市郡寺田地以及道場。伊予親王曾是空海入讀大學和入唐留學的有力支持者；對伊予親王的不幸遭遇，空海也一定扼腕痛惜過。為緬懷故交，空海親自撰寫了禱文。

空海在與皇室間密切交往的同時，還與許多高官貴胄多有往來，並藉此傳講佛法。

天長四年五月十二日，空海主持召開了大夫笠仲守之妻的追悼法會，並為此專門撰寫〈為大夫笠左衛佐亡室造大日楨像願文〉，法會期間還勸人抄經、作畫，並為眾人講解了《大日經》。同年七月，良岑安世主持了藤原冬嗣的週年祭，空海也為此撰寫了禱文。次年二月，曾擔任過東西兩寺檢校使的伴國道被派往陸奧（今本州東北部地區）出任按察使。臨行前，空海贈送給他三軸《秘錄》、《加持文》以及加持神藥。

空海所撰寫的這些「願文」和「禱文」，在當時被視為讓世人瞭解真言密法的重要工具，其內容於後世也多保存下來。

天長七年，淳和天皇下敕，令時下日本佛教各宗學派撰述其宗義要旨，以進呈朝廷。當時，法相（唯識）宗之代表性人物護命，其年高德劭，雖已過八旬，依然撰寫出五卷本《大乘法相研神章》；華嚴宗普機則撰寫了六卷本《華嚴宗一乘開心論》；天台宗義真撰寫出《天台法華宗義集》；三論宗玄叡撰寫出《大乘三論大義抄》；招提寺的豐安則撰寫出了四卷本《戒律傳來記》。作為真言宗的代表，撰寫本宗之要義，空海自是當仁不讓。應淳和天皇之約，空海撰寫了十卷本《秘密曼荼羅十住心論》，後簡稱為《十住心論》。《十住心論》與前面所述五本著作，在日本佛教史上被稱為「六本宗書」。

《十住心論》，是依《大日經》所說「十種住心」構築而成的真言密宗思想體系。所謂「十住心」，是將「人心」劃分為十種階段，並將當時佛教所流行的各種宗派思想分別配屬，提出了不同層次的修行位元階。

最下層的「異生羝羊心」，即指被煩惱所染汙，常行惡行的凡夫心。之上的「愚童持齋心」，則是指有遵守道德意識的心，可對應世間儒教倫理、或是佛教中奉守五戒的「人乘」。

第三階位是「嬰童無畏心」，對應的是具有超俗志向的道家思想、或是佛教中奉行十善的「天乘」。

更上之階段，則專指能出離煩惱、解脫輪迴的佛教思想了。

第四階位之「唯蘊無我心」指的是「聲聞乘」。

第五階位的「拔業因種心」則指「緣覺乘」。

再之後，分別是「他緣大乘心」、「覺心不生心」以及「一道無為心」和

「極無自性心」，分別對應的是法相宗、三論宗、天台宗和華嚴宗思想。十住心由下至上、由淺至深、由顯至密，所謂「九顯一密」；其最高、最深祕的「祕密莊嚴心」，則專指真言宗所悟之思想境界。

《十住心論》篇幅頗長，論述詳細而精要；為了便於時人閱讀和理解，空海為此又專門將其要旨概括出來，形成了三卷本的《祕密寶鑰》。與之相對，《十住心論》稱為廣論，《祕密寶鑰》被稱為略論。另外，與《辨顯密二教論》的橫向判教相應，《十住心論》則是論述縱向判教思想，可視為體現空海真言宗教學思想的最重要著作。

除了修法、灌頂、講經、著書等弘法活動，以及負責東寺的土木工程之外，空海亦曾短期履任過造船長官之職，具體的官名為「攝津大輸田船瀨所別當」。駐錫東寺期間，空海不僅積極地踐行自己的弘法使命和朝廷分派的工作，同時還心繫平民百姓的教育，可謂勞苦功高。

綜藝種智院

天長五年（西元八二八年），空海在東寺附近創立了日本歷史上第一所平民學校——綜藝種智院。這一創舉，使他成為日本公立教育的開創者。

日本當時的教育機構，國立的僅有中央的大學及地方的國學；此外，還有一些貴族創辦的私立學校，如藤原家族創辦的勸學院、和氣氏家族創辦的弘文院等。但是，無論大學還是國學，均是以貴族及官宦子弟為對象，私立學校更是針對少數的氏族子弟。國學的學生為地方豪族子弟；中央的大學則更為嚴苛，其入學者要求必須是品級為五位以上的貴族子弟。這一條限制，曾對空海當年的入學造成了極大障礙；因為他父親的官品只是六位，以致少年空海在京城求學時的前三年無法順利地進入大學。

年少的空海曾感到深切的不公。他一定想過，自己雖為官宦子弟，面對京城大學的高牆依然無可奈何；推而廣之，天下更多的平民百姓，他們的孩子就更沒有接受教育的機會了。那種萌發於少年空海心中的不平之感，直到他年近六旬時都未曾消泯。

此時的空海，他所發的菩提心是以一切眾生為所緣的，他要真正地踐行佛教平等、慈悲的濟世精神；他想要辦一所對平民開放的學校，希望所有人都有接受教育的權利和機會。

空海的願心得到了藤原三守的支持；他將自己位於京都左京九条的兩町多土地（約四千坪）以及五間宅第都提供給空海，供其開辦學校。天長五年十二月十五日，綜藝種智院正式開學。「綜藝種智」一詞出自《大日經．具緣品》；「綜藝」即指綜合世間一切的學問，而此又皆為出世間「種智」之所顯現；「種智」即法身大日如來的智慧。

空海在〈綜藝種智並序〉一文中，詳細講述了自己為何創辦綜藝種智學校的淵源，及其教育理念。對空海而言，創辦一所能夠融匯儒、釋、道三教之學的學校，一直是自己的理想所在。他在入唐留學時，便發現那裡遍設學校，其教育普及程度遠超日本。不僅長安城各坊都設有學舍，即使到了較為偏遠的縣鄉，亦有「鄉學」的存在。

對日本國人來說，唐人則更為公平；如果真的才學滿腹，就容易受到好的教育，並且通過科舉而走上仕途，改變自己的階級地位和家族命運。然而，觀諸日本，卻沒有一所以平民為對象的學校。為此，空海須「建此一院，普濟童蒙」。

空海認為，教育的實施需要具備四個條件。第一，要有良好的教學環境。第二，需要綜合各學科的學問；來自中國的「九流」(儒家、道家、陰陽家、法家、名家、墨家、縱橫家、雜家、農家）思想、「六藝」(禮、樂、射、御、書、數）的基本教養，以及傳自於印度的「五明」(內明、因明、聲明、醫方明、工巧明）之學等，都應具備。並且，教學尤要以人格培養為主。第三，需要優秀的師資。第四，需要充足的經濟保障。對於第四點，空海則直接主張學校應該實行完全公費的制度。

綜合而言，綜藝種智院相比於當時的官學和私學有「機會均等、完全公費、綜合學科」等特點。這在當時毫無疑問是極為先進的教育理念，即便在今天看來仍令人讚歎。

空海的教育理念，無論在文化傳播方式，或是階層意識，乃至於經濟能力上，的確是遠超當時日本社會的承載力。也因為如此，綜藝種智院之後因經濟接續無力以及師資匱乏等原因，勉力維持到了西元八四五年；在存在了十七年之後，宣告停辦，隨後併入了東寺。

綜藝種智院的橫空出世，像一道流星般快速劃過浩瀚無際的夜空；雖轉瞬即逝，卻也帶來了光明。作為一種有形的教學實體，它在日本歷史上是真實存在過的；其追求機會均等的教育理念和廣學多納的教學宗旨一直延綿不絕，直至今日依然熠熠生輝。

空海本人也在綜藝種智院親自施教了大約四年時間。天長九年，他從東寺返回了高野山，那裡有更重要的事情在等著他。

【註釋】

註一：《四分律》出自曇無德部，原為印度上座部系統法藏部所傳之戒律，故又稱「曇無德律」。佛滅約百年，法正尊者用上座部律藏中之契同己見者，採集成文，前後四度結集，分為四夾，所以稱《四分律》。中國所謂律宗，實指四分律宗。北魏時，慧光律師判此律為大乘，唐代道宣律師亦主張四分律通於大乘，更進一步建立三學（戒、定、慧）圓融無礙說。

註二：農耕時代的日本，特重水利事業。而作為鎮護國家的東寺，更有一個極為重要的職能，便是祈雨；密法於此，尤為擅長。弘仁十四年（西元八二三年）的秋季，因氣候乾旱，收成欠佳，朝廷特別頒發了對農民免除雜役和稅收的政策；只是，到了來年入春，旱情依舊沒有好轉的跡象。在此情形下，空海奉命於神泉苑進行祈雨；空海亦再一次展現了他的「神蹟」，祈雨法會收到了良好的效果。為獎勵空海的貢獻，三月二十六日，朝廷任命他為少僧都。

祈雨之事，流入民間，後人依之編撰出許多頗具傳奇色彩的故事。在著名的《今昔物語集》中，這場祈雨則被描繪成一場鬥法的比賽。據說，參賽的雙方分別是東寺空海和西寺守敏。守敏亦是大德，也頗為靈驗，但是他的「法力」僅讓京都一帶下了雨，而空海則讓全國範圍內都普降甘霖。毫無疑問，空海贏了。

真實的歷史事件也許並沒有如此的戲劇性；不過，此次空海奉命祈雨之事，卻因此而為世人熟知。

第九章　高野山入定

得道高僧冰玉清，乘杯飛錫度滄溟；
化身住世何能久，塵界定留惠遠名。

天長八年（西元八三一年）五月底，空海身體突然抱恙；六月十四日，遂向天皇上書請求辭去於天長四年升任的大僧都一職，於〈辭職奏狀〉中稱：

從沐恩澤，竭力報國，歲月既久；常願奮蚊虻力，答海嶽德。然今去月盡日，惡瘡起體，吉相不現；兩楹在夢，三泉忽至。

空海所得疾病是「惡瘡」，症狀雖僅現於腠理，但似乎已傷及體髓、無法好轉，因為他在辭任狀中提到了「兩楹夢」的典故。孔子曾夢到自己坐在兩楹之間而見饋食，便知將不久於人世，後寢疾七日而沒。此時的空海，也察覺自己將至大限；所謂「三泉」，更是指人死後的葬處。

空海言辭殷切，他甚至向淳和天皇遞出了「不棄三密之法教，生生為陛下之法城，世世作陛下之法將」的「臨終一言」。

但是，天皇沒有同意；他還勸解空海：真言法幢初立不久，求學之人漸至門庭；但是，已登堂奧者還為數不多。因此，為使尚處在萌芽階段的真言宗繼續流布，此時不宜辭任大僧都一職。

君命難違，空海也只好繼續留任。

晚年的活動

天長九年（西元八三二年）正月十四日，空海參加了於皇宮中舉行的金光明最勝會，在紫宸殿與護命、明福、修圓、豐安等諸宗高僧討論佛典。二月到三月間，空海給弟子真濟傳授了密法。再之後，他回到了高野山。

同年八月二十二日，在空海主持下，高野山上舉辦了盛大的「萬燈萬華法會」。法會的主旨是為報答四恩，其中一個行法是向金、胎兩界曼荼羅以及四種曼荼羅供奉萬燈萬花以作供養。為此，空海撰寫了〈萬燈萬花會願文〉，發出了著名的「虛空盡，眾生盡；涅槃盡，我願盡」誓願。自此之後，舉行「萬燈會」成了高野山每年的慣例，一直延續至今。

「萬燈會」剛結束不久，九月間，比叡山之圓澄、道忠、德圓等人向空海去信，請求學習真言密法。

此刻的比叡山上，最澄已去世十年之久，曾隨最澄一同渡唐的義真出任了天台座主。義真曾應淳和天皇之命撰寫《天台法華宗義集》，其中所論述的內容僅圍繞著「止觀業」展開，而對「遮那業」則漠然置之。義真的態度引起了比叡山上多數僧人的不滿；他們想要繼承最澄「遮那業」與「止觀業」並弘的事業，因而只好轉向空海處學習真言密法。

十一月，空海將高雄山寺託付給了實惠和真濟二人；次年，又進一步將高野山交付予真然，並委託實惠予以輔助。真然亦是讚岐佐伯氏家族之人，是空海俗家的外甥。

此時的空海，更加感到了時間的緊迫，不斷地交付後事，責令弟子慎守教法；自己則希望能繼續隱居高野山，在人生中最後的時光裡，於清淨中斷絕穀味，專注坐禪。只是，他於世間之法務，尚還有一些因緣未了。

淳和天皇欲將皇位禪讓給仁明天皇，新天皇定於次年（西元八三三）年二月二十八日即位。為祈禱國運昌盛，年及六旬的空海又奉命於中務省修法。二月間，他又在東大寺真言院中講解《法華經》。隨後又完成了《般若心經秘鍵》的撰述；這是一部以真言密宗觀點來解讀般若經思想的論著，也是現存記載中空海的最後一本專著。

空海曾上奏天皇，希望在皇宮之中，於每年的金光明最勝會舉行之時，能夠另闢一處作為以鎮護國家為目的，專修真言密法的道場。這一願心，其實是源自於他在唐留學時的見聞。大唐自開元以來，宮中設長生殿為內道場，常令眾僧於此七日七夜修行念誦，空海也常見到師父惠果被召至宮中修法。他希望密宗移植至日本之後，日本也能夠仿照大唐於宮中設立真言院的做法。

空海在〈宮中真言院正月御修法奏狀〉中稱：「伏乞，自今以後，一依經法講經，七日之間，將擇解法僧二十七人，沙彌二十七人，別莊嚴一室，陳列諸尊像，奠布供具，持誦真言。」

承和元年（西元八三四年）十二月十九日，這一上奏獲得了允許，空海於是率領眾僧於宮中修行了七天的「後七日御修法」。這一法會日後亦成為慣例；直至如今，每年正月都會在京都東寺內舉行。

十二月二十四日，空海進一步上奏，希望從東寺五十位真言宗僧中選出擔任「三綱」和「鎮知事」之人；其中，實惠被選任為東寺三綱（座主、長者、別當）中的座主。這也意味著，京都東寺已成為和奈良東大寺地位平等的寺院。

東寺的基礎建設已基本完成，空海此舉自然是為了進一步地安頓眾僧。東寺作為官寺，雖擁有專供修講之用的功德料（費用），但是還沒有專供僧眾生活所需的費用。

承和二年一月六日，空海再一次呈請朝廷，請求將從屬於東寺的一千戶封戶中，分出二百戶給東寺僧人，以供養日常所需。此二百戶，分別為來自甲斐（相當於今之山梨縣）的五十戶，以及上總（相當於今之千葉縣南部）的一百五十戶。

一月二十二日，空海繼續上書，請求為真言宗申請分度僧三人，獲得了天皇許可。分度給真言宗之三人，所學內容各有不同，分別為「金剛頂業」一人、「胎藏業」一人、「聲明業」一人。金剛頂業僧主要學習十八道之《一尊儀軌》、《守護國界主陀羅尼經》一部十卷；胎藏業僧則亦要學習《一尊儀軌》，另有《六波羅蜜經》一部十卷。此二人共學之經典還有《三十七尊禮懺經》一卷、《金剛頂發菩提心論》一卷以及《釋摩訶衍論》一部十卷。聲明業僧則主要學習悉曇梵字，以及唱誦《大佛頂》、《大隨求》等陀羅尼，並兼學《大孔雀明王經》一部三卷等。

能夠得到「年分度者」的定額，也就意味著，空海創立的真言宗得到了朝廷正式允許，可以作為一門獨立的宗派，與傳統的三論、法相、俱舍、成實、華嚴、律、法華等七宗並立共傳了。

二月三十日，在朝廷的恩許下，高野山金剛峰寺成為了定額寺院。所謂定額寺院，不同於私寺，其營造費用及日常開支均由朝廷支付，高野山金剛峰寺也就從空海的私人道場變為由國家支持和監督的官寺。

自空海回歸高野山後的一系列舉措，都在表明他逐步地、有條不紊地安排後事。自此，真言一宗的教學弘法、人事組織、固定道場均已塵埃落定，空海終於可以安心入寂了。

圓寂

承和二年（西元八三五年）三月十五日，空海撰寫〈御遺告〉，為後世之弟子眾開示了二十五條戒訓。其中，空海預測了將要圓寂的時間：「吾擬入滅，今年三月二十一日寅刻也。」

也就是說，他將於六天之後入滅，甚至將時間具體到了寅時。

其實從正月開始，空海便已「絕卻水漿」；弟子們頗為擔心，建議他不要這樣。但是他說：「此身易腐，更可以臭為養；天廚前列，甘露日進。罷也，罷也，不用人間味。」空海之所以不再飲水，實際上是有天廚為他提供甘露，因而不再用人間味。

高野山的三月，餘寒未消，雖是春月，百花綻放亦會略晚於山下，但空海已決定不再流連這一抹人世間的春色了。在這人生的最後時刻，他也許會時常眺望窗簷外的高聳雲杉，往事如雲煙般在眼前聚集浮現，轉而飄散。

他自小便有神童之稱，十五出鄉關，十八入大學。但是，在大學接受的儒家教育，並無法滿足他；他漸漸感到，佛教才能解決他的生命困惑所在。

於是乎，空海下定決心，捨棄仕途之大好前程，遠離人間俗世，前往高山深谷、荒嶺密裡。他在艱苦卓絕的山嶽修行過程中，逐漸堅定了皈信三寶、矢志菩提的意向。出山之後，他寫下作為「出家宣言書」的《聾瞽指歸》。

如願出家後，空海在佛法汪洋中尋覓適合自己的解脫路徑，驚喜地發現密法實為無上之途。只是，當時的整個日本，都無人能解《大日經》之甚深法義；他唯有親自前往大唐，求取密法。

前往大唐的路途遙遠而漫長，用九死一生來形容亦毫不為過。幸運的是，空海在長安得遇惠果阿闍梨的傾囊相授，成為傳承金、胎兩部密法的少數人之一。得法後不久，恩師惠果便告離世，並留下遺言讓其早歸鄉國。這冥冥之中的安排，都像是歷史所賦予他的使命一般。

正因為空海的「虛往實歸」，才使得密法的傳承至今未絕。

歸國之後，弘法之路也正如預想中的那樣滿是坎坷。空海最初甚至連入京的資格都不具備，所呈上的經卷、法器、曼荼羅和《御請來目錄》則如石沉大海，在長達數年的時間裡都沒有回應。這剛好也使得他靜心沉潛，鞏固所學。

最澄的出現，則打破了這個僵局。好在最澄能謙沖自牧、慧眼識英；他發現，這位與他同赴大唐留學的年輕僧侶，所求之密法更為正統且全面。在他的幫助下，空海終於得以入京，進駐高雄山寺，逐漸獲得了弘揚密法的資格。

隨後，空海的真才實學得到了嵯峨天皇的青睞；他那含章素質、冰潔淵清的品德，也逐漸讓朝野歸心。朝廷返還了法器、經卷和曼荼羅；有了這些傳法資具，真言密法也就得以灌頂相傳了。

弘仁三年的十一月，無論對於空海還是最澄而言，都是他們生命中的重要日子。最澄執弟子之禮，勸請空海於高雄山寺舉行了金、胎兩部大法的結緣灌頂，受灌者為數眾多，高僧、名士雲集。空海在當時，儼然已是弘傳密法的最高權威。

之後，空海與最澄二人互遞信劄、互借經卷、互相學習，共圖密法弘傳之大計，一時相交甚愉。毫無疑問，二人之間的交往，也間接促使了「天台」與「真言」二宗之不同教學體系的形成。

在空海的人生中還有一位貴人，就是他在深宮中的知己——嵯峨天皇。他不僅是空海的筆友、書友和詩友，也對空海弘傳密宗的事業鼎力相助。來自朝廷下達的任務——例如修築滿濃池等，空海都是盡全力去完成；這不僅出於自身的使命感，亦包含了對天皇的感恩之情。

在人生中最巔峰時，空海開創了高野山，並受命營造東寺；東寺和高野山，更像是他在世間與出世間的兩座道場。為了入世弘法、達成夙願、流布密法，因而入駐東寺；為了入定安禪、得生淨土、即身成佛，因而開創高野山。

此時的空海，他的所有舉動，均牽動了全國人的心。他亦不忘回饋眾生，積極宣導公立教育、開創平民學校，在人類教育史上留下了濃墨重彩的一筆。

而在人生中的最後時刻，高野山金剛峰寺的根本大塔尚未完成，這也沒能成為空海的遺憾。畢竟，真言宗的教理、教學和教制、教團均已穩固，密法已深深地根植在東瀛；先師遺命和平生夙願均已圓滿，他亦相信未來的弟子們一定能恪守祖訓、代代相傳。此時，空海所要做的，就是為芸芸眾生進行最後一次教學開示，也就是「功德圓滿、煩惱寂滅」的涅槃了。

承和二年三月二十一的寅時，空海作吉祥臥，安然離開了娑婆世界。如他在生前所表達的願望，前往了兜率內院，在一生補處彌勒菩薩的身邊，待龍華三會之時再來度眾。

入定信仰

空海圓寂後，眾弟子奉其遺教，將他安葬在了高野山的東峰。據記載，下葬儀式於當年的五月十日方才舉行。最初安葬於「東峰」何處，如今已不可具知，推測是今日高野山奧之院的御廟之中。另外，根據一則記載，可推知空海圓寂後很快便進行了荼毗，亦即火葬；因為，淳和上皇寫於三月二十五日的〈弔唁信〉中提到：「不能相助荼毗，此是為恨。」

十月七日，嵯峨上皇御賜真言宗眾僧〈哭海上人〉七言十六句詩一首，讚歎及追思空海，其中八句為：

得道高僧冰玉清，乘杯飛錫度滄溟；化身住世何能久，塵界定留惠遠名。

緇侶古來以為樂，凡夫徒自感傷情；戒珠俄爾況逝水，心印付誰雲嶺行。

並於詩中末尾表達了「從此津梁長已矣，魂兮何處救蒼生」的悲慟感傷之情。對此，實惠等人於十月十八日作〈拜哭先師御制詩謝恩表〉回覆。

實惠也想將空海逝去的消息帶給長安青龍寺。承和三年五月，實惠寫好信箚，備述空海歸國後的行狀和圓寂時間、終焉之所，委託準備入唐求學的真濟和真然攜至大唐。作為空海弟子的真濟和真然，欲效其師入唐求法之志，惜因海難未果，所幸二人奇跡生還。之後，實惠又於來年奏請讓圓行入唐；圓行在經歷了一次失敗後終於成功入唐，於青龍寺義真處得法。他不僅將實惠委託的信箚和禮品帶至青龍寺，還於承和六年帶回了青龍寺圓鏡等十一人署名的信箚，以及經典、法衣、法具等物。

空海訃告的傳達，更像是對惠果之遺命的答覆；空海沒有辜負師父的期望，他真的開宗立派，將真言密法發揚光大了。

延喜二十一年（西元九二一年）十月二十七日，為回應東寺僧人觀賢的祈請，醍醐天皇敕賜予空海「弘法大師」的謚號。彼時，空海已圓寂八十六年。傳說，空海曾經托夢醍醐天皇，並在夢中為天皇詠了一首和歌：「高野山上結廬庵，椽朽草爛，獨見殘月照苔蘚。」

空海圓寂後，高野山上的修建雖然在真然的主持下繼續進行著；只是，隨著大師的離開，高野山的凝聚力也日益式微；迨至八十餘年後，高野山已近荒涼破敗之景。夢中的和歌，雖寥寥數筆，但應能引起天皇對空海的無限緬懷，以及對高野山的重視吧！

對於這位如璀璨明星照亮夜空般的聖人，很多人不願相信他的離開，認為他並沒有真的入寂，而是在入定，尚在世人的身邊。

現存文獻資料之中，最早記述空海入定之事的，是於康保五年（西元九六八年）相傳由仁海所撰的〈金剛峰寺建立修行緣起〉。在成書於十二世紀的《今昔物語集》中，則記載了如下故事——

「東寺長者觀賢曾前往高野山安葬空海的石室憑弔。當他打開石門時，室內霧氣瀰漫，一無所見；霧氣消散後，他驚奇地發現空海儼然靜坐，手結大日如來密印。此時輕風徐來，將大師身上已被腐蝕的衣服吹散；灰塵散去後，發現大師頭髮已有一尺餘長，手持水晶念珠的串線亦已腐爛，念珠散落一地。

「於是，觀賢為大師沐浴，剃髮更衣，重穿念珠置其手上。整個過程莊嚴而寧靜。當觀賢準備離開時，感到似乎要與大師訣別一般，不禁悲從心來，淚如雨下。而後，每逢有人前去參拜之時，石門便會微微自動張開。」

這則故事輾轉相傳，內容也逐漸豐富起來。又據其他記載，當時觀賢得到醍醐天皇封敕空海為「弘法大師」的詔書之後，前去高野山參拜，想親自稟告大師。與觀賢同進石室的還有淳祐；但是，淳祐無法看到大師肉身，不過他還是有幸觸碰到了大師的膝蓋部位；從此以後，淳祐終其一生，手上都留有香氣。真言宗僧人至今仍將淳祐手書的抄本稱為「芳香經典」。

平安時代末期，在白河上皇所撰的《梁塵秘抄》中有了如下記載：「等待三會之晨者居各處，雞足山有摩訶迦葉，高野山有弘法大師。」此後，空海之肉身於高野山入定、神識居於兜率內院的典故，漸漸為世人熟知。

除了入定信仰之外，關於空海的再生信仰與轉世信仰也衍生出來。關於空海的前世，最為著名的是不空之轉世說。另外，空海也被後人認為是阿彌陀如來和觀音菩薩的化身，亦被認為是龍樹菩薩、高貴德王菩薩、勝鬘夫人、聖德太子、慧思禪師以及役小角（日本修驗道始祖、知名咒術師）的轉世。關於後世，則有人認為他轉世成為了藤原道長（知名權臣）、持經上人（真言宗僧，曾復興高野山）、三井慶耀（天台宗三井寺僧）、心地覺心（日本禪師）等人。

伴隨著空海入定信仰，還有高野山淨土信仰的出現。空海擇高野山而居，依胎藏大曼荼羅核心部分的中臺八葉院建立起道場，其道場周圍又有八座山峰環繞，因而有了內八葉和外八葉之說。而後，空海又在此入定，讓世人更加肯定，高野山雖處於俗世，實為八葉蓮華淨土的所在。在此信仰的影響下，世人紛紛希望能在去世後葬於空海入定之處的奧之院附近。

如今，從高野山一之橋通往奧之院約兩公里的參拜道上，安奉著墓石、祈禱碑和慰靈碑等二十餘萬個，其中不乏有織田信長、武田信玄、上杉謙信等諸大名的墓所。

到了室町時期（西元一三三六至一五七三年），曾流傳著一首偈頌：

若人專念遍照尊（空海），一度參詣高野山；

無始罪障道中滅，隨緣即得諸佛土。

此中充分反映了空海信仰和高野山淨土信仰的興盛。空海圓寂後，人們為了探尋他的足跡而逐漸形成的「四國遍路」（參拜四國地區之四縣八十八處靈地）之修行，已成為了療癒心靈的旅程，至今猶存。

如今的高野山，每年的三月十七日都會在寶龜院舉行御衣加持法會，將檜皮色「御衣」用寺中井水印染。到了二十一日早朝，則會將御衣放入金剛峰寺的「唐櫃」之中，由「法印」（僧職名）大和尚送至御廟，供奉在大師座前；

供奉之時，唯有法印一人得入室門。至上午九時，高野山全山僧眾將一同出席「正御影供」法會，此時則將御衣抬至御影堂內供奉，一直到來年的三月十六日。這正是源自於弘法大師的入定信仰。

除了一年一度的「正御影供」法會外，高野山奧之院的僧侶，每天還都會於早上六點和上午十點半二時，為入定於御廟中的弘法大師空海獻上早、午齋飯。這一傳統，又稱為「生身供」，持續了近千年未斷。

每天，前來御廟參拜的信徒絡繹不絕。大家端身正立，合掌恭敬，或是高聲、或是暗誦一遍《般若波羅蜜多心經》之後，都會在內心深處去尋找那「周遍法界、光照大千」的智慧，念誦著弘法大師空海的名號——

南無大師遍照金剛！

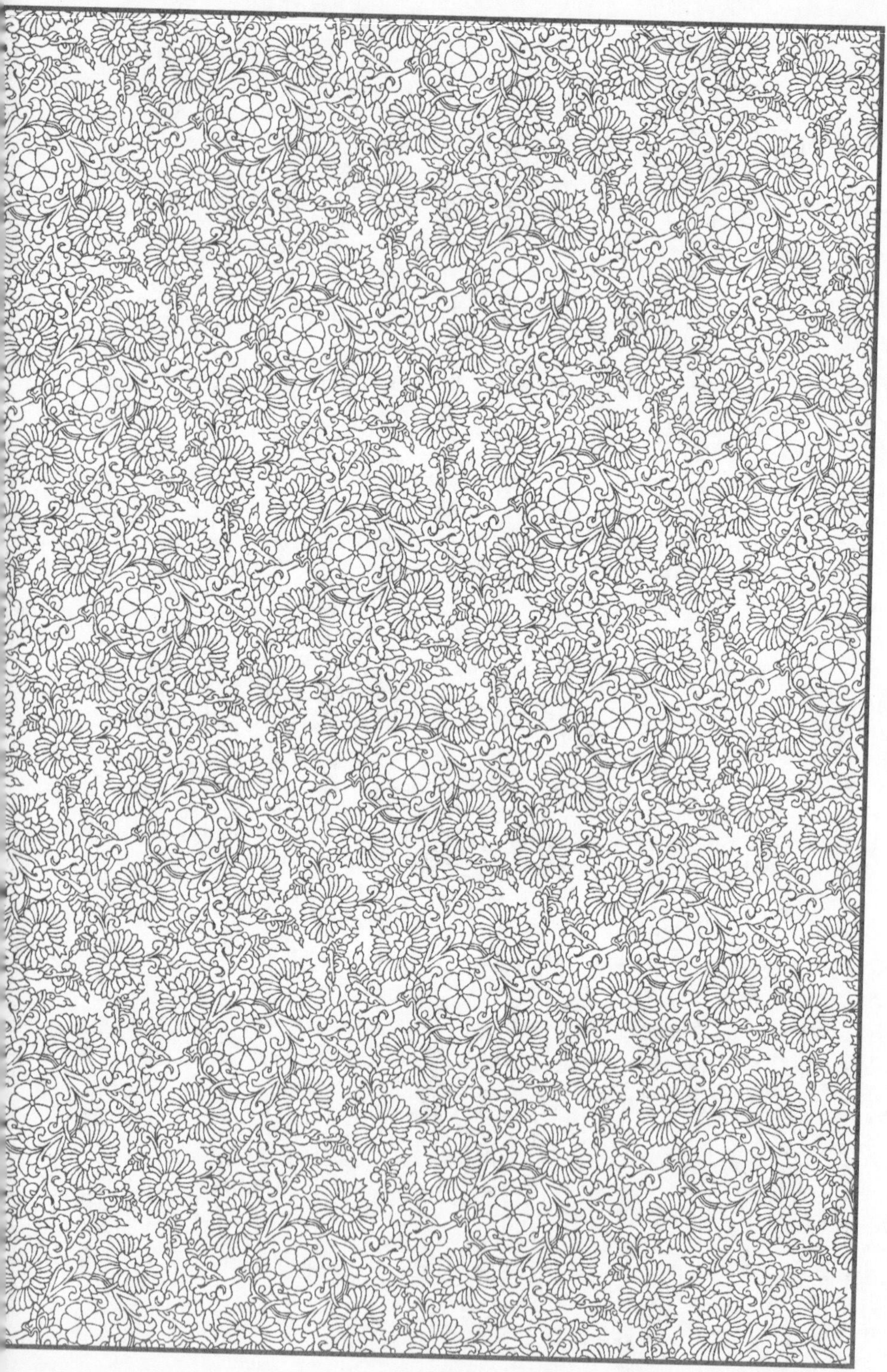

影響

壹・真言宗思想

眾生體性，諸佛法界，本來一味，都無差別。眾生不悟，長夜受苦；諸佛能覺，常恆安樂。是故為令眾生頓覺心佛，速歸本源，說此真言法門，為迷方之指南。

在真言密法從印度東傳的過程中，被稱為唐代密宗祖師的「開元三大士」——善無畏、金剛智、不空，乃至於一行禪師，又或是空海的恩師惠果，他們戮力於成立中國密宗，在傳承教法和組織教團方面功勳卓著，於是乎有了漢傳佛教密宗的形成。

但是，如果要將密宗思想進行較為系統地組織和梳理，就必須要對相關諸多顯密文獻予以研習，而這些具體的文獻中又往往包含了許多繁雜要素；因此，從中概括出較為統一的思想是相當困難的。如果我們單從唐代密宗來看，雖有浩如煙海般密宗文獻的翻譯，還是難以直接提取密宗思想之獨具特色的部分。

而在這一點上，弘法大師空海做到了！他不僅將密宗區別於顯宗的特徵鮮明開顯，並將密宗之思想體系進行組織化理解，還親自去修行體證，成立了真言宗之新型佛教教派。這也唯有空海一人而已。

重要著作

空海在其著作之中，將密宗稱為真言宗，又或稱「真言密教」、「真言秘教」、「真言乘教」、「真言秘密藏」、「真言法教」。並且，他在闡述真言一宗的歷史源流，以及彰顯其思想、教義的特色之處尤為著力，有著鮮明的立宗判教意識。他對密宗思想體系的建構，也是通過著書立論來完成的。

為了明確真言宗的具體傳承關係，空海著成《秘密曼荼羅教付法傳》和《真言付法傳》。為彰顯密宗與顯宗的區別，以及密宗在佛教中所具有的意義及高度，撰寫了《辨顯密二教論》；繼而又創作《秘密曼荼羅十住心論》《秘藏寶鑰》等，進一步闡述密宗思想的特徵，並將儒、道、二乘以及大乘諸宗思想進行對比，詳述菩提心展開的次第。

此外，對於密宗流傳過程中最為強調的「即身成佛」思想，空海在《即身成佛義》中將其認識論和方法論開顯出來；又將「大日如來說法」之密宗傳統佛身觀進行梳理和開展，提出了「四種法身」說，超越了前人觀念，認為法身所說真言及其顯現文字皆為實相真理。

在《聲字實相義》中，空海進一步闡述了法身說法的實相。《吽字義》中，以解說吽字之「字相」和「字義」來闡明密宗之真理。此外，他還著成《般若心經秘鍵》，以極具密宗特色的立場來解讀《般若心經》。

真言宗學人在上述空海所撰六部九卷的著作之上，增添龍猛造《菩提心論》一卷，合稱「十卷章」，為真言宗行者所必學聖典。

判教思想

「判教」一詞，是佛教中的專用術語，有「教相判釋」之義。為度化各類根機有情，釋迦牟尼佛在他所示現的一生中宣說了諸類經典；以佛陀說法之不同形式、方法、順序、意義、內容為基礎，對各種經典、教說進行體系化分類，並判定其深淺，指出相互的關聯性，即稱之為「判教」。在各宗派不同的判教觀中，往往將自宗所依根本經典置於佛陀一代時教的最高點。

教相判釋思想雖源自於印度佛教，但真正形成嚴格體系的，還是在中國。如三論、天台、慈恩、華嚴等在中國成立的佛教大乘八宗中，均盛行判教思想，各宗便是通過不同的判教觀來顯明與他宗的殊別何在，以此揚立本宗的教學特色。

因此，空海為在日本成立真言一宗，也沿用了判教這一方法，以橫、豎二種體系來彰顯真言密宗的特徵，鮮明地指出密宗究竟如何勝於顯宗。「橫豎二種」判教思想，已在前文中略有所述：橫之判教即是在《辨顯密二教論》中所論述的「顯密二教」的教判；豎之判教即是《秘密曼荼羅十住心論》中體現的「十住心思想」。

橫之判教

空海之顯密二教的教判思想，主要體現在兩類重要文獻中。第一種是在《性靈集》卷九中收錄的書信，這是空海為了將真言經典弘傳至日本各地所寫就的，其中便曾對真言密宗的特徵進行了非常簡潔的論述。

第二種即是《辨顯密二教論》。其主旨雖與書信大致相同，但是內容更為豐富，引用了各種經典文獻資料進行佐證，如《五秘密經》、《瑜祇經》、《分別聖位經》、《大日經》、《楞伽經》、《菩提心論》、《大智度論》、《釋摩訶衍論》、《六波羅蜜經》、《守護經》等。

弘法大師空海在其顯密二教的教判中，列舉出了真言密宗所具有的五種特質——

第一，**能說之佛身**。空海認為，顯教為報身佛、應身佛所說；密教則為法身佛所說。在印度大乘佛教中，關於佛身有「法、報、應」三身之說；身者，積聚之義。法身（Dharmakāya）即是法性之身，是諸法所依止處，以清淨法界之真如為體。報身（Saṃbhogakāya），又稱受用身，是指諸佛在因地修行時所積集圓滿功德之身，如西方極樂世界阿彌陀如來、東方琉璃光世界藥師如來等。應身（Nirmāṇakāya），又稱化身，即諸佛為應機教化眾生，以種種形態示現之身，如悉達多太子於菩提樹下證悟而成的釋迦牟尼佛。報身與應身，皆以法身為依止。

空海以上述三身說為基礎，認為顯教是報身佛、應身佛為相應根機眾生所說之易於理解的教義，亦即方便之教。與之相對，密教則是法身大日如來自內證之真言秘密教法，是深遠、深秘、究極的真實之教；而在這樣至高至圓的教義中，眾生亦被納入法身如來自性證得之真實具體活動的境界。

在顯教之中，作為真理而言的法身佛，是無法進行具體言說的；而密宗中的法身佛，亦即大日如來，則是作為能說法的教主。因此，關於能說之佛身，密教與顯教的觀點迥異。

第二，所說之教法。既然顯、密二教的說法主不同，其所說之教義也就有所差別。空海認為，顯教屬於「因分之教」，是站在因分可說的立場上而言的。所謂「因」，指的是為獲得最終解脫而展開修行的階段、過程；顯教之教義，便是對這種修行過程的說明，這其實是一種權便之說。而作為第一義諦之勝義，亦即真如，在顯教看來仍是超絕言詮的不可安立法，是聖者無分別智自內所證，是「言語道斷、心行處滅」的，其「果分」是不可說的。

但是，密教與之不同。密教是「果分可說」，所說的即是覺悟的境地，是法身所說之自內證法門。所以，密教之「密（Guhya）」，正是指深邃難解、真實深秘。而真言密宗的行者，則可立足於果分，直領果地風光，親嘗自證法樂。

第三，修行之方法。教義的差別，直接導致的就是關於修行方法的差異。顯教的基本方法，便是以大乘菩薩所應修行的六種「波羅蜜多（Pāramitā）」為中心，亦即《大般若經》中所廣泛闡述的布施、持戒、忍辱、精進、禪定、智慧之六種「到彼岸」的修行方法。

而密宗在「六波羅蜜多」的基礎上，更進一步提出了「三密加持」之獨有的修行之法。所謂加持（Adhiṣṭhāna），有互相加入之義，表如來大悲與眾生信心彼此攝持。如佛日之影，現於眾生之心水，此為「加」；如行者之心水，能感佛日之慧光，此為「持」。三密加持，即佛之身、口、意三密與眾生之三密相應，達到入我我入、佛我一如的境界。具體的修行方法即是身結印契、口誦真言、意作觀想；在密宗的修法之中，尤為重視和強調如「阿字觀」、「月輪觀」等密宗獨有的修行方法。

第四，成佛之遲速。修行方法的差異，顯現出來的結果便是成佛遲速的迥別。顯教教義中有「三劫成佛」之說，亦指眾生從初發菩提心時起，需要經過三大阿僧祇劫（大約是三十八億四千萬年）那樣無限久遠的時間方能圓成佛果；這也就意味著，修行要積無數之難行苦行，方能逐漸一一滅除煩惱。在這難以計數的漫長時間裡，所面對的困難重重無盡。簡言之，顯教認為，踐行菩薩道是一項非常任重道遠的事業，凡夫僅通過此生的修行，是難以迅速成就佛果的。

與之相對，密宗主張，行者藉由「三密加持相應」的修行方法，可於現世之肉身迅速成佛，也就是「即身成佛」。

關於成佛遲速的問題，實際上也成為辨別顯密二教最大區別的焦點。空海認為，所謂「即身成佛」，其要旨仍在於人人本有之清淨、覺悟之心，也就是對於菩提心的體證。行者若能對此菩提心常常自覺不忘，在日常生活中，於心念之生滅、身體之力行、言語之講說處均能保持正行，並精勤修習「手結佛之印契，口誦佛之真言，心住三昧之境」的三密加持法門，必定能迅疾成佛。就此而言，真言密法乃是由迷至悟最為迅捷的道路。

第五，教益之勝劣。所謂教益之勝劣，即指顯密二教在施教過程中所帶來的不同利益。空海認為，顯教教義雖立說高遠、教益殊勝，但是針對極惡之人、無佛性之人、剛強難調之人卻難以救度，其教化範圍仍是有局限性的。與之相對，密教對惡貫滿盈、罪孽深重之人，皆能予以包容、施予救度。若人對真言陀羅尼法門一念生信，即使曾犯五逆重罪，亦能消滅，且能證悟涅槃究竟，此皆因三密加持之力。並且，在密宗之陀羅尼信仰中，通過念誦真言的方法，任何人均可獲得本尊的救護。由此可見，在教義的感化力上，真言密宗有其更為殊勝的一面。

空海所總結出來的以上五點結論，可以說是塑造了真言密宗的基本特徵。從歷史進程來看，這也是為了真言宗作為一門新興佛教宗派，在日本立足和發揚所必須發出的聲音。

空海在其著作《秘密曼荼羅十住心論》和《秘藏寶鑰》中，通過闡釋「十住心之思想」，進一步以「豎之判教」來闡明密教之特徵。這兩部著作是空海晚年時的作品，可說將其一生的思想理論和修行實踐進行了概括和總結。

「住心」這一概念，出自於《大日經·住心品》。〈住心品〉中描述了迷執之人從菩提心漸開，繼而向上轉趨，最後進入密教信仰的思想過程。受其影響，空海立足於平安初期日本佛教界，重新審視當時流行的各類思想，認為所有的宗教、哲學和思想都是通往密教之究極真理的不同階段，因而提出了「十住心」思想。(註一)

第一，「異生羝羊心」。所謂「異生」，乃凡夫之異名，均有「迷執之人」的意思。凡夫迷於真理，故於無數次的輪迴中受種種別異果報，種種變異而生邪見造作惡事。羝羊即是公羊，寓意專念食欲和淫欲之人。異生羝羊住心者，是指猶如動物一樣，不斷滋生欲望，迷之又迷，完全沒有宗教與道德意識之人。

事實上，這種思想行為低劣的人確是存在於世間的。當時的空海，揭示了平安初期日本社會亂象叢生的一面；即便是在今天，那種道德淪喪、信仰全無，僅僅像動物一樣耽著淫欲、巧取豪奪、殺人越貨、惡貫滿盈之人，依然存在。所謂「凡夫狂醉，不悟吾非；但念淫食，如彼羝羊。」空海形象地刻畫出了這類人的稟性。即便如此，亦在密教的教化範圍之內。

第二，「愚童持齋心」。愚童，顧名思義，即愚癡的孩童，意謂智慧難有長進。持齋，意指受持齋法而不違越，遂能增長善根。印度的在家信眾，每月均會於六齋之日受持齋戒，並將節約下來的食物布施窮人，這種行為便是持齋。換言之，這是一種對其他眾生能夠生起同情心，已具有人倫之道德，空海便將其視為「儒教」的階段。

此一階段：「由外因緣，忽思節食；施心萌動，如穀遇緣。」空海並引用了《世說新語》所載「戴淵棄劍」、「周處自新」的兩則典故，清晰地描繪了道德自覺之人的形象：雖是惡人，若能痛改前非、一心行善，亦可博得青史留名。這類人的心性，就是第二種住心；若是放在佛教語境中，則指信守五戒十善之人。空海在文中尤為強調，如異生羝羊心之人也非無可救藥，還是可以朝著第二種心奮發進取的。

第三，「嬰童無畏心」。嬰童即是嬰兒，與愚童同屬凡夫。無畏，指的是無有恐怖、心神安穩。例如，諸多信奉印度外道、或是中國的道教及老莊學說之人，他們對於世間之理、做人之道未感滿足，故而追求進一步的修行。所謂「外道生天，暫得蘇息；如彼嬰兒，犢子隨母。」他們深信持戒可生天，故而無懼生死；但事實上仍未得究竟涅槃之樂，就像襁褓中的嬰兒一樣，只能獲得暫時的安穩。

以上屬於世間三種住心。從第四住心到第十住心，則是對佛教信仰系統內的諸類思想進行由淺至深的區分。

第四，「唯蘊無我心」。所謂唯蘊無我，是指唯有色、受、想、行、識之五蘊的假和，並沒有一個常恆住、不變易、能主宰的實體之「我」的存在。一切凡夫不知道五蘊無我，所以妄執有一個常住實體之「我」的存在，並認為這個「我」有主宰、自在、造業、受報的種種作用。因為這樣的無明妄執，眾生不管是做惡還是做善，都變成生死流轉相續不絕的因。佛陀憐憫眾生，以色心緣起之法宣示無我的道理，以四諦相轉正法輪，開演五蘊、十二處、十八界等法，讓眾生遣除對「我」的執著，從而解脫煩惱、出離三界。

自覺到唯蘊無我，便是達到了小乘之「聲聞」境界。

第五，「拔業因種心」。即是小乘之「緣覺」境界，指經由善觀十二因緣，拔除無明和業的因種，從而實證「苦之止息」的寂滅、安樂境地。眾生之生死相續，皆由惑、業、苦；惑即煩惱，因煩惱而造作種種的善惡業，因業而又招致生死苦果。如是了了覺知惑、業、苦之三輪流轉，對於導致世人種種苦惱的根本原因，亦即無明，則應切志拔除。

以上兩種，是佛教中小乘之聲聞乘和緣覺乘人的住心。所謂「聲聞」，指的是聽聞佛的教誨而修行，斷除了全部煩惱；雖不能成佛，卻能獲得阿羅漢之果位的眾生。所謂「緣覺」，指的是雖長時未能見佛聞法，而能夠於寂靜處實修五蘊、十二處、十八界、十二緣起等善巧，從而獲得辟支佛果位之人。但是，聲聞、緣覺之二乘行者與大乘菩薩相比，缺少了利他的大悲之心。從第六種住心起，便進入了大乘修行之階段。

第六，「他緣大乘心」。所謂「他緣」，空海在《秘藏寶鑰》中說：「緣法界有情，故他緣。」意指對一切眾生不分彼此，都可生起無差別、平等的慈悲心，這也正是成就利他之行的心；這其實是大乘佛教共通的特色，空海則將此住心視為宣說唯識思想的「法相宗」教義。所謂「唯識」，即是指以如實智仔細地觀察、選擇、分析、區分以後，發現世間一切萬象僅僅是心識的了別、詮顯分辨的作用，並沒有離開心識而單獨存在的外在客觀實體境界。而凡夫若執著「唯識」的體性是一種真實有的境界，亦如同執著外境實有一般，屬於應當破除掉的「法執」。

第七，「覺心不生心」。意指心之本性不生不滅；覺悟到這個真理的心，就是「覺心不生心」。此心能通達「因緣生法本無自性」，可深觀「不生、不滅、不斷、不常、不一、不異、不去、不來」之「八不中道」。具體而言，即指「三論宗」的修學階段。

第八，「一道無為心」。又名如實一道心。即指依一佛乘思想而證得真如無為的心。所謂「一道」，亦指一切眾生自心本具之清淨妙理；「無為」，即是離有為之造作。一切眾生皆有佛性，皆可覺悟到本自清淨的心。通達智者大師所創立的「天台宗」教義學說之人，可安住於第八住心的覺悟境界。

第九，「極無自性心」。指離一切有為、無為，離一切造作，屬顯教中至極之境地。此心可通達真如法界不守自性隨緣之義，深入華嚴三昧法界之觀，澈悟法性之緣起。此第九住心，即演說性起法門的「華嚴宗」之境界。

以上第六至第九種住心，依次指的是法相宗、三論宗、天台宗、華嚴宗之思想境界，這是從教判上做出的劃分。若從究極的密教之立場來看，則依次指的是彌勒菩薩、文殊菩薩、觀世音菩薩、普賢菩薩的三昧；根本而言，還是大日如來之普門總德的部分顯現。

第十，「秘密莊嚴心」。指的是秉持佛之身、口、意三密，獲得法身佛之自內證法門的莊嚴心，此為最究極位。換言之，通過修習真言密教，如實覺知自心本源，開顯心中本來潛在之秘密莊嚴曼荼羅，圓成真言行者之修行功德，亦即弘法大師空海所創立的真言宗之密教境界。此住心是最高之住心，前面九種住心實際上是通往第十住心的途徑。

將十住心依次排列的話，從一至九是為顯教，第十住心是為密教，即稱之為「九顯一密」；同時，若整體來看，從一到十皆屬密教，因為這又是菩提心展開的過程。正如空海在《十住心論》中所說：

若解真言實義，則若天、若人、若鬼畜等法門，皆是秘密佛乘。

這才是「九顯一密」的真義。「十住心」不僅僅是一種教判思想，同時也包含了菩提心思想體系中的住心思想。

「即身成佛」思想

一般而言，佛教可以稱之為「佛陀之教」，同時也可以理解為「成佛之教」；尤其，在大乘佛教中，說到對於佛陀的信心，除了提倡相信佛陀的實有、相信佛陀的功德之外，亦強調相信自己能夠成佛這一環節，成佛思想也就成為大乘佛教的核心思想。

但是，由於諸大乘經論的教學方式各有差異，關於「佛性」也就有了諸如種性、如來藏、菩提心、心性本淨、心性本覺等不同的認知。密宗在吸取了這些思想的同時，又結合自身的修行特色，重申於此生、此身便有速疾成佛的可能性。相關的主要經論，有《大日經》、《金剛頂經》和《菩提心論》等。

關於「即身成佛」說，據傳是空海在入唐之後，從惠果處聽聞此一理論。而事實上，中國密宗中雖已有即身成佛思想的端倪，但其理論體系的組織建構仍未完善。

早在《御請來目錄》中，弘法大師空海便已經提出：顯教持三劫成佛之說，而密教持即身成佛之說。之後的《辨顯密二教論》中，他又特別強調：在《大日經》和《金剛頂經》中均有現生便可迅速成佛的教義。又《菩提心論》中，有「唯真言法中，即身成佛故」句，提倡發菩提心，行菩提行，以勝義、行願和三摩地菩提心為戒，便可即身成佛。

但是，直到空海著成《即身成佛義》，才首次對即身成佛的理論和實踐體系進行了清晰的論述。書中，空海引用了二經、一論和八個證文，用以證明即身成佛思想來源於密教經典（註二），並作「二頌八句」之「即身成佛頌」，作為對「即身成佛」意義的解說：

(一)六大無礙常瑜伽，（體）
四種曼荼各不離；（相）
三密加持速疾顯，（用）
重重帝網名即身。（無礙諸佛）

(二)法然具足薩婆若，(法佛成佛)
心數心王過剎塵；(無數)
各具五智無際智，(輪圓)
圓鏡力故實覺智。(所中此四句明成佛一詞)
關於此頌偈，一說是出於惠果，一說是八祖相承，一般仍視為空海獨創的見解。

六大體大

六大即地、水、火、風、空五大以及識大；前五大屬於物質元素，第六識大可視為精神現象的總稱。六大之名數，自原始佛教以來就有所安立。小乘部派思想中，將地、水、火、風、空、識之六界視為有情生命之所依，以開示「人空」；大乘更進一步認為六大法體皆是真如，以開示「法空」。真言密宗則以六大為不生不滅之實體，周遍法界，互具互融。

考察六大思想的成立過程，會發現在《大日經．住心品》中，對於一切智智的覺悟境界，即以五大來進行比喻，例如：大地為一切眾生所依，水為一切眾生利樂，火燒一切無智薪，風除一切煩惱塵，虛空無相是菩提相等。

另一方面，在印度流傳的密教經典中，關於五大思想，原本就有五大配合五字（阿 A、嚩 Va、囉 Ra、訶 Ha、佉 Kha）、五色（黃、白、赤、黑、青）、五形（方、圓、三角、半月、團形）、五佛（毗盧遮那 Vairocana、阿閦 Akṣobhya、寶生 Ratnasambhava、阿彌陀 Amitābha、不空成就 Amoghasiddhi）、五智（法界體性智、大圓鏡智、平等性智、妙觀察智、成所作智）的概念出現；但是，在五大之上增加識大從而形成的六大思想，在印度的密教經典中卻未曾出現。實際上，這也是空海的獨創。

六大既然在本質上與法性、空性並無殊異，為強調其普遍性和絕對性，空海又導入了體、相、用的概念，因此衍生出「六大體大」、「六大周遍」、「六大無礙」的觀點。並且，如果將六大作為一切事物存在的根基，以之為出發點，則又有「六大能生」的說法。

六大為能生，其所生即是四種法身（自性法身、受用法身、變化法身、等流法身），四種曼荼羅（大、三昧耶、法、羯磨），三種世間（人、佛、世界），十界（地獄、餓鬼、畜生、修羅、人、天之「六凡」與聲聞、緣覺、菩薩、佛之「四聖」）等世間、出世間一切法。

然而，「能生」與「所生」並非僅僅是對立的因果關係，亦有本體與現象的理論關聯。如空海所言：

> 雖有能所二生，都絕能所。法爾道理有何造作？能所等名皆是密號，執常途淺略義，不可作種種戲論。

即指所生並非與能生相對，非似「母能生子」；而是相即不離，能所不二，如同「日能發光」；若離體大，更不可言說相大。六大所生之法，實為六大體大之所顯現，有「不生而生」之義。

由此，也就構成了六大緣起的思想；簡言之，就是萬物皆以六大為體，由六大所生。而六大又有「法爾」和「隨緣」二義：「法爾」者，自然本有，為能造；「隨緣」者，應機顯示，為所造。能造之六大，即謂「堅、溼、暖、動、無礙、了知」之六種德性；隨緣之六大，則指「地、水、火、風、空、識」所成之六界。法爾為體，隨緣為用；體用不離，相互依存。這一學說，在整個佛教的緣起思想史上可謂是備受矚目。

依空海對六大緣起思想的闡述，則可進一步理解「即身成佛頌」的首句：六大無礙常瑜伽。這其中，又有兩層含義。

第一，六大中的前五大和識大，彼此之間可以說是「心即色、色即心」，或說「智即境、境即智」，或說「智即理、理即智」的關係。這就包含了六大之間並無障礙、恆常相應之意味。

第二，因為六大為法界之體性，包括四種法身、三種世間、十法界的一切諸法，都為六大所生；所以，我身、他身、一切佛身，彼此之間可相互涉入。

此即「凡聖不二」、「眾生即佛」的理論根據。

四曼相大

四曼，即大曼荼羅、三昧耶曼荼羅、法曼荼羅、羯磨曼荼羅之四種曼荼羅。四種曼荼羅在《金剛頂經》中已有闡述，空海在此基礎上又進一步具體解說。「大曼荼羅」，所表現的是佛、菩薩等諸尊之相好具足身。「三昧耶曼荼羅」，表現的是象徵佛、菩薩等諸尊本誓的三昧耶形，如刀劍、輪寶、金剛杵、蓮花、印契等。「法曼荼羅」，表現的是諸尊的種子、真言。「羯磨曼荼羅」，通常以金、石、木、土等材質雕刻而成的尊像來表現諸尊活動之狀態。前三種曼荼羅，因為有相通之意，而被稱為「通三羯磨」，後者則被稱為「別體羯磨」。

大曼荼羅之「大」字，謂廣大之義，表形相之總體。三昧耶（samaya）意即「本誓」，意指形相之本來的特質；譬如農夫手持之鋤具，此即能表示農夫特質之物。法曼荼羅之「法」，則顯示事物的意義，以引起知覺；譬如田中禾苗，見之可思豐收，亦思農夫之功德。羯磨（karma）即「作業」之義，即顯示活動；譬如農夫持鋤具於田中耕作，可見其取、舍、屈、伸等一切動作。總之，所有的事物都具備「總相」、「特質」、「意義」和「業用」的含義。

四種曼荼羅的表現形式還可拓展延伸。「大曼荼羅」則不僅指代佛、菩薩等諸尊，亦可引申為一切眾生。與之相應：「三昧耶曼荼羅」則指山川、草木、國土等物；「法曼荼羅」即一切經典要義或是所有的語言、文字；「羯磨曼荼羅」則指十界有情之行、住、坐、臥的一切動作。

若如是考量，則世、出世間一切事物皆可納入四種曼荼羅中，這也是密宗之曼荼羅所要展示的真實圖景。

既然能生者為六大，所生者為四曼，依前述六大緣起之理，四曼之間也應是「彼不離此、此不離彼」的關係，猶如空光，無礙不逆，故云：「四種曼荼各不離。」

由此可知，一切事物之「總相」、「特質」、「意義」和「業用」均亦不離；換句話說，事物之本體與其象徵形態不離，也就體現出了人、法不離。從更深廣的意義上來說，佛之四曼和眾生之四曼亦為不離；是以，眾生即佛，凡聖不二。

三密用大

六大體大，四曼相大，體相顯用，即是三密相應之用大。

以密教的觀點，從本性來說，凡夫之三業與佛之三密並無差異。若在實踐層面，凡夫能受法身佛三密之加持感應，其身、口、意三業便能被淨化，有漏三業如此就可轉為清淨三密，進而即身成佛。這就是「三密加持速疾顯」之妙行。

所謂加持，本來表達的是佛之加護、護念之意；空海則將「加」和「持」

區別開來，認為「加」是佛之大悲力，「持」為眾生之信心力；二者相應，即成加持。由此，我們便能清楚地聯想到佛陀與行者之間的關係：如日光映射海面，如明月影現清池；這種交相輝映的光景，的確會讓人深為感動，從而生起信心。

三密加持的妙用，依然源自於佛之六大、四曼與眾生之六大和四曼之間的相互交涉。當然，若要達成「即身成佛」的功用，還須行者能心住於甚深三摩地，這與夾雜著煩惱在散心狀態下修行還是有很大的區別。

即身

由前文可知，即身成佛之二頌八句中，第一頌有四句，第一句到第三句所說之六大、四曼、三密是以體、相、用之「三大」思想為其根底，繼而形成了「六大體大」、「四曼相大」、「三密用大」的概念。在此基礎上，「即身」

義就可建立起來，亦即所謂「重重帝網名即身」。

「即身」有「現身、速疾」之意。帝網，又稱因陀羅（Indrajāla，帝釋天梵名）網，指的是為莊嚴帝釋天所居宮殿、以寶珠織結而成的網；其網珠玉交絡，算數無量，互相影現。所謂「重重」，指一珠之中可現其餘各珠之影，珠珠皆爾，互相影現，此是一重；各各影現珠中，所現一切珠影，亦現諸珠形體，此是二重；二重所現珠影之中，亦現一切，如是交映，重重無盡。所以，大乘經論中常以「重重帝網」來比喻法界無盡緣起，一一法中，互涉互入，無有障礙，此即「一即一切，一切即一」之理，可破眾生法執。

用這樣的道理來審視六大之緣起，可知凡夫此身與佛身「相即」；具體而言，就是我身、佛身、眾生之身，不同而同、異而不異、即身平等。所以，二頌之首頌四句，可成「即身」之說。

前頌成就「即身」之義，後頌則敘述「成佛」之義。

薩婆若（Sarvajñā）意譯為「一切智智」，指了知內外一切法相的佛智，屬於最高的智慧。空海認為，以《大日經》和《金剛頂經》中的經文為證，可知一切眾生自心之中宛然稟有法爾存在的一切智智。

一切智智也含攝了五智、三十七智和無際智等。若從「明真理、斷煩惱」的角度來說，則稱為「智」；若顯集起之義，則稱之為「心」；若顯軌則之義，又可稱之為「法」。一切智智或可說是包含心王和心所的一切心所對之法。不論是約智來說，或約心、法來說，一一法則，亦皆不離人；一切智慧皆屬法身如來之智，同時也是眾生本有之智。

就如同在一大圓鏡中，世間、出世間之一切萬法，一切萬法的真實性，連同能認識一切萬法之真實性的智慧，以及諸佛之功德，皆可於此影現。因此，若能通過三密加持之修行，現證本有之智，眾生由此即可成佛，體得「實覺」之智。

此外，在《異本即身成佛義》一書中，又有三種即身成佛說。即理具成佛、加持成佛、顯得成佛。「理具成佛」之「理」，非特指真如，而是指宛然存在的道理。准以「六大體大」、「六大無礙」之條理，眾生為六大所成，佛亦是六大所成，則眾生與佛本就一如。

凡夫眾生，若能篤信理具成佛，則可虔信密教，勤修三密，感得加持，以至成佛，此為「加持成佛」。三密修行尚在因地，若果能成就，即如實得證本有之佛，此為「顯得成佛」。

或說即身成佛之二頌八句中，第一頌四句為「加持即身成佛」，第二頌之前三句為「理具即身成佛」，最後一句為「顯得即身成佛」。

空海在《般若心經秘鍵》序文中有言：

夫佛法非遙，心中即近。真如非外，棄身何求？迷悟在我，則發心即到；明暗非他，則信修忽證。

在佛教中，往往將凡夫境界稱之為「迷」，將聖人境界稱之為「悟」；但是，也有另外一種理念認為，凡夫並非僅僅只是一味地「迷」，其稟性本具有「迷」和「悟」兩種屬性。空海即持後者之認知，並特別指出：真理並非外在的客觀存在，迷與悟皆在一心；若能篤信、勤修，便可證得悟境；甚至也可以說，這種開悟的境地，「發心」即到。

所謂發心，當指「發菩提心」。如龍樹菩薩在《大智度論》中說：「菩薩初發心，緣無上道，我當作佛，是名菩提心。」彌勒菩薩在《瑜伽師地論》中也有言：

願我決定當證無上正等菩提，能作有情一切義利，畢竟安處究竟涅槃及以如來廣大智中。

如是可知，發心以決定希求無上菩提及利益一切眾生為其行相，以大菩提、大涅槃之境界及利益一切眾生為所緣，菩薩最初發起的正願即是菩提心的體性。

菩提心思想

空海站在《菩提心論》的理論基礎上，將菩提心的含義進一步闡釋，於《三昧耶戒序》中提出了「信心、勝義心、行願心、大菩提心」的四心思想。

「信心」指堅信不退之心，具體而言，是一種清淨的、堅固的、隨順的、令人讚歎的、充滿慈愛的心。信心是為菩提心之總體和本質，其餘三心可視為信心所發之德用，亦可配屬《菩提心論》所說之「行願」、「勝義」、「三摩地」之三種菩提心。

菩提心的發生，也不能單純地認為是一種信心的生起，它不僅僅是一種發自於信仰層面的情緒，同時也應是「勝義心」。所謂勝義心，指的是具備甚深的般若、卓越的智慧之心，能夠選取正確教誨，避免誤入歧途的情況，依靠對正見的把握，從而在修持上精進努力。

在上求佛道的同時，亦不可忘記對一切眾生發願救濟之心，亦即「行願心」。行願心又名大悲心；無論是大悲，或是行願，皆是菩提心的同一層面，即發願以大悲之心，行利他之行。

所謂「大菩提心」，則是空海對菩提心體的直接考量。大菩提心分為「能求」之菩提心和「所求」之菩提心兩種；簡言之，所求之心即是佛果菩提，能求之心即是求取佛果菩提之心。這樣一來，在菩提心的概念之中，就涵蓋了「能」與「所」兩層含義。

「佛法非遙，心中即近」，佛果菩提亦不能遠在外求，它其實就是自心的實相；這種認知自心實相的實踐，也就是三摩地行。在進入甚深禪定之後，才能達到佛我一如的狀態，實證能求之菩提心與所求之菩提心的統一。此為真言密宗之獨特觀行法門。

如空海所言，這樣的理論，還是源自於密教經典。如《大日經・住心品》中說：「云何菩提？謂如實知自心。」如實地看清自心之本性，即是菩提。換言之，經由深刻地覺察自己的內心，終將會意識到心之本性原本就是清淨的；這種覺知，會促使我們發覺真實的自心。

由此可知，發菩提心就是要發動自心實相的白淨菩提心。自覺菩提心的方法，則可具體落在受持菩提心戒（三昧耶戒），以及對月輪觀、阿字觀的修行實踐上。圓滿皎潔的月輪和梵字悉曇的「阿」字（𑖀），皆可作為自覺心中之淨菩提心的媒介；月輪觀即是以象徵菩提心之月輪作為止觀的所緣境；阿字亦有「本不生」之理，同時也象徵著大日如來。這兩種觀修皆是基於「本覺」思想而進行的「凡聖不二」之真言密宗法門。

自心佛思想

空海在他的著作中不斷地闡發「如實知自心」的思想，如《十住心論》亦言：「覺知自心之源底。」成就佛果菩提，終究還是關係到對自心的覺知；於是，「自心佛」的概念也屢屢出現。自心本即如來之性，覺悟自心即是證得自心佛。

《性靈集．卷九》中記載了空海的一句名言：

若知自心，即知佛心，知佛心即知眾生心。

三心平等，即名大覺。

三心平等，實際上也是被佛教大乘諸宗派廣為接受的一種觀點。空海亦將此作為真言密宗的思想根柢，並成為真言行者可即身成佛的理論依據。如在〈奉為平安城太上天皇灌頂文〉言：

眾生體性，諸佛法界，本來一味，都無差別；眾生不悟，長夜受苦；諸佛能覺，常恆安樂。是故為令眾生頓覺心佛，速歸本源，說此真言法門，為迷方之指南。

大意是說，凡夫迷執之人的體性，與諸佛的體性本就是平等一味，無有差別。然而，眾生卻因不能悟得此一真理，故於無明長夜般的輪迴之中受苦；諸佛因覺悟於此，則能獲得究竟永久的安樂。迷執之人，若能覺悟心中之本來佛，便能迅速地回歸心之本源，早歸覺悟之境。由此之故，才演說真言之法門，為迷執之人指引覺悟方向。

心之曼荼羅

如果將這種覺悟之心用密教的形式來表達的話，那就是十住心思想中的第十住心「秘密莊嚴心」，又或稱為「心之曼荼羅」。

空海在《秘藏寶鑰》中解釋「秘密莊嚴心」云：

五相五智法界體，四曼四印此心陳；
剎塵渤馱吾心佛，海滴金蓮亦我身。

此段意指，在秘密莊嚴心中，五相五智、四曼四印皆並陳於內。如剎塵一般無量之渤馱（又稱勃馱，即佛陀之另一音譯），皆是吾心之佛；如海中水滴般不可盡數之金蓮（指佛身），亦同吾身。

曼荼羅是諸佛集體顯現之相，是佛之世界，也是心之世界，亦即「心之曼荼羅」。在秘密莊嚴心所呈現出來的境界中，佛既不在自心之外，也不在自身體外，佛陀的存在並非是絕對的超越者。這種將佛之超越性與自心之內在性融匯一如的境界，就是「心之曼荼羅」所要呈現出來的真實義。

弘法大師空海在其弘傳真言密宗的生涯中，一直將心性的探索置於自身思想體系的核心。試想，如果沒有這樣完善的心性觀作為奠基，「即身成佛」的理論體系便只是空中樓閣。

【註釋】

註一：「十住心」簡述如下——

第一異生羝羊心：凡夫狂醉，不悟吾非；但念淫食，如彼羝羊。
第二愚童持齋心：由外因緣，忽思節食；施心萌動，如穀遇緣。
第三嬰童無畏心：外道生天，暫得蘇息；如彼嬰兒，犢子隨母。
第四唯蘊無我心：唯解法有，我人皆遮；羊車三藏，悉攝此句。
第五拔業因種心：修身十二，無明拔種；業生已除，無言得果。
第六他緣大乘心：無緣起悲，大悲初發；幻影觀心，唯識遮境。
第七覺心不生心：八不絕戲，一念觀空；心原空寂，無相安樂。
第八一道無為心：一如本淨，境智俱融；知此心性，號曰遮那。
第九極無自性心：水無自性，遇風即波；法界非極，蒙警忽進。
第十秘密莊嚴心：顯藥拂塵，真言開庫；秘寶忽陳，萬德即證。

這十種住心即是眾生精神發展的十個階段，皆是法身大日如來絕對智慧的顯現；尤其是「第十秘密莊嚴住心」，為密教修行完滿後所得之心，是區別於顯教的密教專用語。

註二：二經、一論及八個證文如下——

《金剛頂一字頂輪王瑜伽一切時處念誦成佛儀軌．卷一》：「修此三昧者，現證佛菩提。」

《金剛頂瑜伽修習毘盧遮那三摩地法．卷一》：「若有眾生遇此教，晝夜四時精進修。現世證得歡喜地，後十六生成正覺。」

《成就妙法蓮華經王瑜伽觀智儀軌．卷一》：「若能依此勝義修，現世得成無上覺。」

《金剛頂瑜伽修習毘盧遮那三摩地法．卷一》：「諸法本不生，自性離言說。清淨無垢染，因業等虛空。」

以上為所引《金剛頂經》四文。

《大毘盧遮那成佛神變加持經．卷三．悉地出現品》：「不捨於此身，逮得神境通。游步大空位，而成身祕密。」

《大毘盧遮那成佛神變加持經．卷七．真言行學處品》：「欲於此生入悉地，隨其所應思念之。親於尊所受明法，觀察相應作成就。」

以上為所引《大日經》二文。

《金剛頂瑜伽中發阿耨多羅三藐三菩提心論．卷一》：「唯真言法中，即身成佛故。是故說三摩地於諸教中，闕而不言。」

《金剛頂瑜伽中發阿耨多羅三藐三菩提心論．卷一》：「若人求佛慧，通達菩提心。父母所生身，速證大覺位。」

以上為所引《菩提心論》二文。

貳・文化影響力

或臥煙霞而獨嘯，任意賦詠；或對天問以獻納，隨手成章。

……比興爭宣，氣質沖揚；風雅勸戒，煥乎可觀。

空海不僅是一位創建新宗派、發揚新思想的佛教大師，他對日本文化的各個領域亦有著卓越貢獻，可謂厥功甚偉。從其前半生的求學生涯中，我們可以清楚地知曉，他在入唐前就已經深受漢文化薰陶。無論是作為出家宣言書的《聾瞽指歸》，抑或是初踏唐土時撰寫的〈為大使與福州觀察使書〉，奇文瑰句，語妙絕倫，皆展現出極高的漢文學修養。

入唐後，除了在佛典、梵語、儀軌方面的精進修學外，空海亦留心於唐風文化，並實地探訪，博採眾長。因而，能於歸國後，伴隨著後半生的弘法生涯，將大唐的諸多文化建樹移植到日本的土壤之上；不僅對日本文學、詩歌、書法和文字學等學科有著開創性貢獻，同時還影響了繪畫、建築、雕刻和音樂等諸多領域。功在當時，惠及千秋。

日本漢文學之高峰

日本現存最早的漢詩集《懷風藻》，誕生於天平聖寶三年（西元七五一年），其中收錄了天皇、皇族、貴族、大臣、僧侶和歸化人等六十四人所作的一百二十首詩歌，已然代表了當時日本漢文學的最高水準。其中所闡發的教化思想，更多的是來自於中國儒教和道教文化的滲透，鮮有佛教的影響。

但是，僅僅四十餘年後，空海《聾瞽指歸》橫空出世！該書以華麗的四六駢體文撰寫，用典豐富，行文暢達，燮金結繡；較之《懷風藻》，可說大幅提升了漢文學水準，成為日本漢文學史上的最高峰，想必對當時的思想界也有所衝擊。

此外，空海於弱冠之年寫出的《聾瞽指歸》，現在看來雖是關於思想比較的著作；對當時之人而言，更直觀的感覺不如說是一部戲劇。

空海自身天賦異稟，據稱他有提筆立就之能，賦詩吟詠亦是信手捻來，且詩作水準之高，可謂揚葩振藻、璧坐璣馳。因而，他的文章一經出世，便傳頌不絕，有「京都紙貴」之譽。

空海生平所作詩、文大都被弟子真濟搜集起來，編撰成《遍照發揮性靈集》十卷，收錄了詩、表、啟、信劄、願文以及碑銘等文章計一百一十餘篇，內容包括日本平安初期的社會、文化、宗教、經濟和政治等方面。十卷本《性靈集》之後遺失三卷，平安中後期的真言宗僧濟暹，為補全後三卷內容，又精心搜集了散佚文章，編撰出《遍照發揮性靈集補闕鈔》。《補闕鈔》新加入了諸多珍貴文獻，例如與最澄的往來信件以及著名的〈綜藝種智院式並序〉等。

《性靈集》代表了平安時期日本漢詩文的最高水準，在日本備受珍視，至今仍有大量版本和注疏、抄本傳世。

空海與時人往復之信件，被收集在《高野雜筆集》中，又名《高野往來集》，由七十四通書信構成；書信的大部分內容為勸請時人抄寫密宗經典。另外，天長四年（西元八二七年）時，曾由淳和天皇下旨，命良岑安世等人編撰日本漢詩文總集《經國集》，其書原有二十卷，如今只有六卷存世，可見到空海所作漢詩七首。

真濟曾在《性靈集》序文中評價其師：

或臥煙霞而獨嘯，任意賦詠；或對天問以獻納，隨手成章。至如〈慕仙詩〉：「高山風易起，深海水難量」；又〈遊神泉〉：「高臺神構非人力，池鏡泓澄含日暉」，比興爭宣，氣質沖揚；風雅勸戒，煥乎可觀。

同時，空海的才學也受到了唐地文人的敬佩。在他離唐之際，詩人朱千乘、朱少端、鄭壬、曇清、鴻漸等人都曾作詩送別；例如，朱千乘就讚揚空海：「解梵書、工八體、繕俱舍、精三乘」、「威儀易舊體，文字冠儒宗」。

空海同時也是一位文學理論家，著有《文鏡秘府論》傳世。這是他將於唐所獲之崔融《唐朝新定詩格》、王昌齡《詩格》、元兢《詩髓腦》、皎然《詩議》等書排比編纂而成，分為天、地、東、南、西、北六卷。書中收錄了中國自南北朝至中唐時期諸多關於詩歌作法、理論的著作，針對漢詩文的音韻、聲律、體勢、對偶、文意、用典、論病等方面均有論述。

對日本來說，這是第一部文學理論專著，對當時的日本漢詩創作，乃至於後來日本民族詩歌理論的形成，都給予了催化和指導作用。

由於其中所引之書今多失傳，所以保存了不少中國古代文論的史料。近代以來的中國學者，在輯錄中國中古文學理論著作、探究中古詩學理論等方面，《文鏡秘府論》也就成為了不可或缺的參考資料。

文字學方面，空海著有《篆隸萬象名義》，這是日本歷史上第一部關於漢字的辭典。《篆隸萬象名義》根據中國梁朝顧野王所撰《玉篇》，綜合其他有關字書，添篆簡注，編撰而成，共三十卷。書中對所取漢字以隸書編排字目，上冠篆體，下注反切和釋義。其注釋文字保留了原本《玉篇》的基本面貌，所注反切忠實記錄了南北朝時代的語音情況，義訓也遠比宋本《玉篇》豐富。對當時日本人對於漢字的字體、來源、意義之掌握，有著指導性作用，也成為現代學者研究中國中古語言文字、音韻訓詁方面的寶貴資料。

語言學方面，空海著有關於梵語學習的《梵字悉曇字母並釋義》一卷、《大悉曇章》兩卷，對日本悉曇梵字學的傳播產生了較大影響。並作《聲字實相義》一卷，從密教哲學的立場深刻探究語言文字的實質。

從日本平安時代開始，有一首被稱為「伊呂波歌」的歌謠盛傳。這首歌幾乎運用了日語「五十音」的每一個字，歌詞本身又是一首講述人生無常的佛偈，據說便是空海根據《涅槃經》中「諸行無常，是生滅法；生滅滅已，寂滅為樂」之句而作，之後又有弘法大師空海創作日語字母表的傳說。雖然事實並非如此，但由此也可以窺見，在日本民眾的心目當中，空海在語言學上的影響力極為深遠。

對日本書法藝術之貢獻

若論空海對日本文化的影響，更不能不提及他在書法藝術上的成就。如前文所講，他和嵯峨天皇、橘逸勢並稱為日本「三筆」。唐代詩人胡伯崇贊其「天假吾師多伎術，就中草聖最狂逸」；嵯峨天皇的書法更是直接受到了空海的影響，曾贊其曰：「絕妙藝能不可測，二王（羲之、獻之）沒後此僧生。」

空海入唐前所寫的《聾瞽指歸》，現有自筆原本留存，可作為年輕時效法王羲之的代表作品。入唐以後，曾跟盛唐著名書法家韓方明學習書論，並親見王羲之、顏真卿、歐陽詢等名家真蹟，揣摩筆意，領悟神韻，約其所長，迅速掌握了篆、隸、楷、行、草等五種字體的筆法，故有「五筆和尚」之稱。這其中，他又最擅長草書，遂號稱「草聖」。

入唐時，空海曾與橘逸勢等人共寫《三十帖策子》，其書法更顯王羲之秀潤典雅之風韻。當時的唐朝正流行顏體，時人紛紛學習顏真卿的筆法，空海也深受影響；歸日後所寫的《灌頂曆名》中，已經有了鮮明的顏體風格。被視為代表作的〈風信帖〉，也是在王羲之的風格上加入了顏體的敦厚質樸，顯示出圓熟的筆致。

另一代表作是〈金剛般若經開題〉，其流暢的草體書風可與懷素之〈千字文〉媲美。待空海寫出〈大和州益田池之碑〉時，其筆法已然自成一體了。此外，他還是將飛白體（特殊筆法，呈現蒼勁效果）引入日本的第一人。

空海對於日本書法史的貢獻，不僅在於流傳下來的珍貴法帖，更重要的是他將唐代的書論介紹到日本，並進一步確立了日本的書法理論。他的書風自由闊達卻不失淡雅沉靜，其精髓又被稱為日本「三跡」的小野道風、藤原行成和藤原佐理所繼承。自平安中期開始，隨著「和樣書道」的形成，以及假名書法的成熟，日本書法走向了多樣發展，這乃是建立在空海所帶來的影響上。

空海在繪畫、雕刻方面亦造詣頗深。就密宗而論，傳法阿闍梨需要有繪製曼荼羅的能力方能合格，如惠果和尚所說：「真言秘藏，經疏隱密；不假圖畫，不能相傳。」因此，空海在宣揚密教、灌頂傳法之時，尤以佛像和佛畫作為重要工具。就其經歷而言，也有多次在法會上繪製曼荼羅的記載。《性靈集》收錄的數篇禱文中，亦記載了他曾指導雕刻師塑像技藝的事蹟。

在技術工藝方面，如前文所述，空海曾親自規畫寺院的建築和布局，親臨滿農池的工程現場進行指揮，出任船瀨所別當，指導益田池修築，一生中參與了多項關乎民生的建築工事。歷史上還有空海親自教人製作狸毛筆的記載；據說，唐墨也是由他傳至日本。

空海自身還擁有著醫藥學方面的知識。他不僅從唐地攜回大量中草藥，在《高野雜筆集》和《性靈集》中，還記載了他為天皇、弟子等人贈送良藥、授以藥方的諸多事蹟。

此外，日本還有關於空海的眾多傳說。例如，最早使用石油及煤炭、發現溫泉、乃至於烏龍麵和胡麻豆腐的製作，都與空海的名字連在一起；作為日本民間信仰第一人，他的生涯也被賦予了豐富的神話色彩。這些傳說的來源，想必還是基於他關注民生事業，開創日本平民教育先河的史實。

弘法大師空海在每個領域所留下的足跡，恰恰都是那個時代最一流的瑰寶。他的許多不可思議，就在於超出了時代太多！他一生的示現，以及對後世的影響，像高擎的火炬，照亮了一千二百餘年來中日兩國的文化交流史。

每一個人的心中，應該都會有一位不同的弘法大師吧？再細想之，雖說不同，卻又不異。因為，在秘密莊嚴心中，每一位弘法大師交相輝映、互涉互融、重重無盡卻又直指吾心。這樣的「心」，是否正是大師為我們展現出來的心之曼荼羅呢？

參・傳承弟子

夫以密教，是大日如來心肝、金剛薩埵腦膽者也；而輒授非器之者，從密教主御身，有出血之罪。

空海弟子眾多，其中尤為突出者，被稱為「十大弟子」，即實惠、真濟、真雅、泰範、智泉、真如、道雄、圓明、杲鄰、忠延。

如真濟、真雅和真如以及未列入「十大弟子」中的真然等人，這些法名以「真」字為首的眾僧，大都是直接跟隨空海出家的。更多的是，曾在南都六派中系統學習過，等空海從大唐歸國後轉而投入其門下的，如實惠、泰範、道雄等人。

又如前文所述，空海將高野山委託給真然繼承管理；據記載，真然與智泉一樣同為空海外甥。另外，繼承東寺的實惠，同樣也是讚岐之佐伯氏出身；而真雅則據說是空海的親弟。法脈繼承之人多有空海的血族宗親；從這一點來看，空海在其家鄉極具影響力，而他本人則是「舉賢不避親」。

實惠

延曆五年（西元七八六年）前後出生。曾隨奈良東大寺泰基學習法相唯識。弘仁元年（西元八一〇年）於空海座下接受灌頂。弘仁三年與杲鄰、智泉一同擔任高雄山寺三綱。是空海非常器重的早期弟子。

弘仁七年，被空海委以重任，與泰範一起先行派往高野山，負責開創工作。由於京都與高野山之間往來不便，因而空海欲在河內長野修建觀心寺以為途中停居。而這座觀心寺，實際上是由實惠於天長四年（西元八二七年）創建。

承和三年（西元八三六年）出任東寺長者，亦即官方所認可的真言宗代表性人物。承和十年十一月上表，獲准制定「真言宗傳法灌頂位」。次月，於東寺創立灌頂院，作為傳法灌頂、結緣灌頂之道場，並為真紹授「傳法灌頂位」。

承和十四年（西元八四七）十一月十三日於河內國圓寂，享年六十二歲（另有六十一歲和六十三歲說），葬於檜尾山。安永三年（西元一七七四年）八月，獲賜謚號為「道興大師」。

實惠生前被稱為「檜尾僧都」，公認為空海之後的日本第二阿闍梨。居東寺時，常舉辦傳法會，致力於真言宗經典、教義的講說，著作有《檜尾口訣》等。付法弟子有惠運、真紹等人。

眞濟

生於延曆十九年（西元八〇〇年），從小便接受良好的詩文教育。十五歲時跟隨空海出家，此後常年隨侍其師。天長元年（西元八二四年），空海賞其才能，為授金、胎兩部傳法阿闍梨灌頂，時年僅二十五歲，為時人所驚歎。

真濟曾在高雄山寺進行了十二年的籠山修行，其苦行為嵯峨天皇知曉後大為讚歎，特任命他為內供奉十禪師。

天長年間，空海向真濟傳授種種密法奧義，真濟將其記錄下來，以成《高雄口訣》。於空海圓寂後，承和二年，將空海一生所作詩文收集編撰成十卷本《遍照發揮性靈集》。

承和三年，真濟與真然同行，加入遣唐使團前往大唐求法，追憶其師求學往事，欲向青龍祖庭彙報空海入寂之事；可惜使船遭遇暴風而破損，未能成功入唐。歸國後居於神護寺。

承和四年七月，嵯峨上皇之子於神護寺隨真濟出家，法名源鎮。承和十四年，繼實惠之後出任東寺長者。貞觀二年（西元八六〇年）二月二十五日圓寂於神護寺，終年六十一歲。付法弟子有真然、白雲（源鎮）、峰數等人。

眞雅

真雅生於延曆二十年（西元八〇一年），讚岐國多度郡屏風浦人，據傳為空海胞弟。九歲時離鄉上京，十六歲時成為空海弟子。弘仁十年（西元八一九年）在東大寺受具足戒。

弘仁十四年，二十三歲，曾奉旨參內，於御前唱誦三十七尊梵號，聲音洪亮，壓倒眾人，為天皇賞識。翌年九月二十七日，成為高雄山寺定額僧。承和十四年擔任東大寺別當。貞觀元年（西元八五九年）三月，上表請賜嘉祥寺西院每年予真言宗年分度者三人並獲許。貞觀二年成為東寺統率。

貞觀六年二月，獲封「僧正法印大和尚位」。元慶三年（西元八七九年）一月三日圓寂於貞觀寺，世壽七十九，是空海弟子中較為長壽之人。文政十一年（西元一八二八年）獲賜諡號「法光大師」。

弟子有聖寶、觀賢；付法弟子有真然、真皎、源仁、載寶、惠宿等人。

眞然

俗姓佐伯氏，讚岐國多度郡出身。據傳為空海外甥，九歲時因仰慕空海而出家，入大安寺。

承和元年三月，曾隨空海、實惠等人前往比叡山，參加西塔的落慶供養法會。

承和三年，與真濟同行，以請益僧身分加入遣唐使團，入唐未果。貞觀十七年（西元八七五年）三月出任弘福寺檢較。翌年，從東寺長者真雅處借得空海親撰《三十帖冊子》，帶至高野山，之後一直未能歸還。寬平二年（西元八九〇年）被朝廷任命為僧正。翌年九月十一日，圓寂於高野山中院。

真然是高野山第二代繼承者，弟子壽長、無空、峰禪分別出任金剛峰寺的前三任座主，另有傳法弟子惟首、聖寶、增利、都良香等人。

道雄

道雄亦是讚岐佐伯氏出身，其生年不詳。

道雄最初師事慈勝，專學法相唯識。之後又隨長歲學習華嚴學和因明學。據記載，道雄學問精深，後來成為東大寺華嚴宗第七祖。此後又隨空海學習真言宗，並從其灌頂。

道雄具體何時拜在空海門下則未可知。在《性靈集》卷六中收錄的〈天長皇帝為故中務卿親王捨田及道場支具入橘寺願文〉中，記載了他於天長四年（西元八二七年）九月，以真言宗僧的身分參加伊予親王追悼法會一事。由此看來，應該是在這之前拜師。

據傳，道雄曾夢見在山城國乙訓郡的木上山中建造寺院；於是上奏朝廷，最終建成了海印寺。海印寺隨後發展壯大，成為定額官寺，作為隸屬於華嚴宗的寺院獲得了接受年分度僧的資格。

仁壽元年（西元八五一年）六月圓寂。弟子有基海、道義等。

智泉

智泉出生於延曆八年（西元七八九年），是空海的外甥，其母為空海之姊。九歲時隨空海離鄉，入大安寺跟隨勤操。十四歲時作為空海近侍追隨左右。二人自那時起，便建立了深厚的師徒情誼。

延曆二十三年（西元八〇四年）七月，空海被甄選為入唐留學僧，前往肥前松浦乘船。此時，智泉作為侍者隨行至松浦，為其送行。西元八〇六年，空海歸國之後，智泉很快便與空海聯絡上，與其師一起滯留於太宰府。隨後，智泉成為最早接受空海所傳金、胎兩部灌頂的弟子。

大同四年（西元八〇九）年，空海在收到嵯峨天皇詔書之後，奉命進京，智泉也一同前往入住高雄山寺。如前所述，弘仁三年十一月，空海給最澄等人傳授結緣灌頂之時，智泉與杲鄰、實惠擔任高雄寺三綱之職。

空海開創高野山後，隨同前往，並於高野山營建了東南院。天長二年（西元八二五年）二月十四日，病逝於高野山東南院之中，享年僅三十七歲。

智泉自幼便跟隨空海，是空海一生中感情最為深厚的弟子。智泉的英年早逝，讓空海大為悲慟，特別題寫了〈為亡弟子智泉達嚫文〉。

杲鄰

杲鄰的生卒年不詳，一說他出生於神護景雲元年（西元七六七年）。最初於東大寺學習三論宗和法相宗；遇到空海之後，轉而學習真言宗。弘仁三年出任高雄山寺三綱之一。據說，在天長十年（西元八三三年）隨空海入高野山，創立修禪院。空海入寂後，杲鄰於京都開設修學寺傳授弟子。據傳，他還曾前往伊豆國走湯山，在那裡創建了修禪寺。

泰範、眞如、圓明、忠延

有關最初師事最澄的泰範，以及真如親王的事蹟，前文已略有所述。

圓明最初在東大寺學習三論宗，後隨空海學習真言宗，並從其灌頂。承和三年（西元八三六年）五月，東大寺真言院配以定額僧二十一人，圓明與實惠一起，被選任為真言院的管理者。承和五年始，出任東大寺別當，任期五載。仁壽元年圓寂。

有關忠延的記載不多。他曾出現在天長元年九月高雄山寺的二十一人定額僧名單中。另外，在實惠委託真濟帶往大唐的文書之中，記載了空海傳法印可的八位弟子，其中亦有忠延的名字。

空海門下的僧弟子，據記載有七十餘人，除上述十賢之外，還有圓行、真圓、真泰、信叡、真體、真境、真朗、安行、如意尼等人；最澄及弟子光定、圓澄等人，也曾於空海處受法。

師德正者，桃李芬芳。空海的初代弟子，如實惠、真濟、真然等，亦是一時之俊傑。之後，真言宗雖在傳承歷史上有過人才凋零的衰落局面，但很快又復興起來。

真言宗的後人，薪火相續，他們不僅樹立起了「弘法大師信仰」，亦對其開祖空海的思想、教法進行了完整的繼承。

附錄

空海大師年譜

歲數 — 西元 — 日本年號 — 唐朝年號

一歲　七七四　寶龜五年　唐大曆九年

空海出生。

父佐伯直田，讚岐國造（可世襲的官位），品級六位。

母大刀氏，名玉依姬，為家中長女。

舅舅阿刀大足，學識閎富。

十五歲　七八八　延曆七年　唐貞元四年

隨舅舅阿刀大足離開家鄉入京。

十八歲　七九一　延曆十年　唐貞元七年

入大學明經科。從一沙門處得知「虛空藏求聞持法」，在阿波國大瀧嶽和土佐室戶崎之間的山林中修行。

一說在此期間於勤操門下得度。

二十二歲　七九五　延曆十四年　唐貞元十一年

一說在東大寺戒壇院受具足戒。

二十四歲　七九七　延曆十六年　唐貞元十三年

十二月一日，完成《聾瞽指歸》的撰寫。

三十一歲　八〇四　延曆二十三年　唐貞元二十年

五月十二日，作為遣唐使留學生，在遣唐大使藤原葛野麻呂的帶領下，從田浦港出發，離開日本，前往大唐。

八月十日，空海所乘一號船漂至福州長溪縣（今霞浦縣）赤岸鎮。入境受阻，經一番交涉後，十一月三日，從福州出發，奔赴長安。

十二月二十四日，抵達長安。

三十二歲　八〇五　延曆二十四年　唐永貞元年

二月十一日，移居西明寺。師從般若三藏學習梵文。

五月，於青龍寺拜訪惠果。

六月上旬，從惠果受胎藏界灌頂；七月上旬受金剛界灌頂；八月上旬受傳法阿闍梨為灌頂。

十二月十五日，惠果入寂。

三十三歲　八〇六　大同元年　唐元和元年

一月十五日，為恩師惠果撰寫〈大唐神都青龍寺故三朝國師灌頂阿闍梨惠果和尚碑〉文。

三月，與橘逸勢、高階遠成等人，離開長安前往越州。

四月，在越州當地收集內外典籍。八月至明州。

十月，返回日本，抵達築紫。暫居於太宰府。十月二十二日，進獻《御請來目錄》。

三十四歲　八〇七　大同二年　唐元和二年

二月十一日，於築紫太宰府參加田中少弍亡母的追薦法會，繪製千手千眼觀音像等十三尊菩薩像，並謄抄《法華經》與《般若心經》。

三十六歲　八〇九　大同四年　唐元和四年

二月三日，向最澄寄送名刺。之後，敕許入京，居高雄山寺。

八月二十四日，最澄請求借閱秘典十二部。

十月四日，應嵯峨天皇之請，進獻題寫《世說新語》句之屏風。

三十七歲　八一〇　弘仁元年　唐元和五年

正月十五，最澄請求借閱《十一面儀軌》和《千手菩薩儀軌》。

十一月一日，在高雄山寺舉行鎮護國家修法。

三十八歲

八一一　弘仁二年　唐元和六年

六月至八月間，空海兩次分別將十數種唐代著名碑文、法帖和梵字帖以及唐流行之文學、書法作品進獻嵯峨天皇。

十月二十七日，從高雄山寺移居乙訓寺，任乙訓寺別當。隨後向天皇進獻乙訓寺柑橘、狸毛筆四管。

三十九歲

八一二　弘仁三年　唐元和七年

七月二十九日，進獻〈急就章〉、《王昌齡集》等。

八月十九日，去信最澄，約定傳授密法之事。

十月二十六日，最澄前往乙訓寺拜會空海，商討灌頂傳法之事。

十一月十五日，於高雄山寺舉行灌頂法會，為最澄、和氣真綱等人傳授金剛界結緣灌頂。

十二月十四日，高雄山寺再度開壇，為最澄等百餘人傳授胎藏界灌頂。

四十歲

八一三　弘仁四年　唐元和八年

二月為最澄弟子泰範、圓澄、光定等人傳授《法華儀軌》一尊法。

五月撰寫遺誡，提出真言密宗的宗旨。

十月，賦〈中壽感興詩〉，撰〈文殊贊法身禮〉、〈一百二十禮佛〉、〈義注〉、〈方圓二圖〉。

十一月二十三日，回絕最澄借閱《理趣釋經》的請求。

四十一歲　八一四　弘仁五年　唐元和九年

三月，作詩奉謝嵯峨天皇賜百幀棉和七言詩。

七月二十八日，上奏請求赦免元興寺中璟之罪。

八月三十日，受下野伊博士之請，撰寫〈沙門勝道曆山水瑩玄珠碑〉文。

四十二歲　八一五　弘仁六年　唐元和十年

四月一日，起草〈奉勸諸有緣之眾奉寫秘密藏法文〉。此間，遣弟子拜會甲斐之藤原真川、東國之廣智、萬德等人，請求幫助抄寫秘典，推動密宗流傳。

四月五日，遣弟子康守赴東國拜訪法相宗高僧德一。

四十三歲　八一六　弘仁七年　唐元和十一年

六月十九日，上奏天皇，請求於高野山創建修禪院；七月八日，獲許。

四十五歲　八一八　弘仁九年　唐元和十三年

十一月十六日，赴高野山過冬。

十二月，藤原冬嗣供養空海及弟子燈油和袈衣。

四十六歲　八一九　弘仁十年　唐元和十四年

五月三日，撰寫〈高野建立初結界時之啓白文〉、〈高野建立壇場界啓白文〉。
七月，奉詔前往中務省任職。
此年，著有《秘密曼荼羅教廣付法傳》。

四十七歲　八二〇　弘仁十一年　唐元和十五年
十月二十日，登傳燈大法師位、補任內供奉十禪師。

四十八歲　八二一　弘仁十二年　唐長慶元年
五月二十七日，出任讚岐國滿濃池修築別當，擔任工程指揮。
九月六日，修復由唐請來之兩部曼荼羅、七祖像；撰〈七祖像贊文〉、〈七祖供養願文〉。
九月七日，為追祭藤原葛野麻呂，作《大樂不空十七尊曼荼羅》並抄《理趣經》回向。
十一月，去信藤原冬嗣，表達隱居高野山潛修之意。
此年，撰寫《略付法傳》、《文鏡秘府論》和《文筆眼心抄》。

四十九歲　八二二　弘仁十三年　唐長慶二年
二月，奉詔在東大寺創設灌頂道場（真言院）。此間，為平城上皇授三昧耶戒。
此年，最澄圓寂，世壽五十七歲。

高岳親王出家，後成為空海弟子。

五十歲　八二三　弘仁十四年　唐長慶三年

一月十九日，嵯峨天皇敕將東寺交付空海。

四月二十四日，獻〈奉賀天長皇帝即位表〉。

十月十日，編成《真言宗所學經律論目錄》。

十月十三日，於皇后院奉詔修息災法。

五十一歲　八二四　天長元年　唐長慶四年

二月，奉命於神泉苑祈雨。

同年，在東寺為真雅傳授金、胎兩部傳法灌頂。

五十二歲　八二五　天長二年　唐寶曆元年

四月八日，在東寺舉辦安居會，對眾講經。

四月二十日，敕許建立東寺講經堂。

五月十四日，弟子智泉於高野山圓寂，年僅三十七歲。

七月十九日，任東宮講師。同日，為淳和天皇修仁王會。

九月二十五日，撰寫〈大和州益田池碑銘〉文。

五十三歲

八二六　天長三年　唐寶曆二年

三月十日，桓武天皇忌辰，為淳和天皇代筆撰寫禱文。

十一月二十四日，為建造東寺五重塔寫〈勸進表〉。

五十四歲

八二七　天長四年　唐大和元年

五月一日，淳和天皇招百僧於太極殿求雨，空海撰禱文。

五月十二日，撰〈為大夫笠左衛佐亡室造大日楨像願文〉，講《大日經》。

五月二十八日，任大僧都。

七月，為藤原冬嗣周年忌撰寫禱文。

五十五歲

八二八　天長五年　唐大和二年

二月，贈送伴國道三軸秘錄、加持文以及加持神藥。

三月十一日，任攝津大輪田船瀨所別當。

四月十三日，為祈禱勤操大德冥福講解《梵網經》，並為勤操雕像撰寫〈贊詩〉和〈序〉。

十二月十五日，開設綜藝種智院。

五十六歲

八二九　天長六年　唐大和三年

二月，在太極殿誦《大般若經》祈雨。

七月十八日，講《法華經》。
九月，贈詩元興寺護命長老。
十一月五日，任大安寺別當。

五十七歲　八三〇　天長七年　唐大和四年

著《秘密曼荼羅十住心論》，進獻淳和天皇。

五十八歲　八三一　天長八年　唐大和五年

六月十四日，請辭大僧都，未獲許。
九月，比叡山之圓澄、道忠、德圓等人請求受法。

五十九歲　八三二　天長九年　唐大和六年

一月十四日，參加金光明最勝會，與護命、明福等諸宗高僧在紫宸殿論議。
八月二十二日，在高野山舉行萬燈萬花會。
十一月，將高雄山寺託付給實惠、真濟二人。

六十一歲　八三四　承和元年　唐大和八年

正月，於中務省舉行「後七日御修法」。
八月二十二日，金剛峰寺營造佛塔兩座及兩界曼荼羅，起草〈知識文〉。
十二月，奏請每年正月於宮中真言院舉行「七日真言御修法」，獲許。

六十二歲

十二月二十四日，敕許選任東寺三綱。

八三五　承和二年　唐大和九年

正月，開始絕穀米、水漿。

一月八日至十四日，於真言院修「後七日御修法」。

一月二十二日，奏請真言宗年分度者三人，獲許。

二月三十日，高野山金剛峰寺成為定額寺院。

三月十五日，撰寫〈御遺告〉。

三月二十一日，示寂（入定）。

三月二十五日，淳和上皇寫弔唁書。

五月十日，葬於高野山。

八月二十日，金剛峰寺每年設年分度者三人。

八三七　承和四年　唐開成二年

七月，圓行隨遣唐使船入唐，將空海入寂訃告的信翰帶至青龍寺。

九二一　延喜二十一年　後梁龍德元年

十月二十七日，醍醐天皇授「弘法大師」稱號。

參考資料

弘法大師空海全集編輯委員會，《弘法大師空海全集》，筑摩書房。
電子版《弘法大師全集》，高野山大學密教文化研究所。
持松法師，《密教通關》，大千出版社。
渡邊照宏、宮阪宥勝，《沙門空海》，筑摩書房。（漢譯版《沙門空海》，李慶保譯，東方出版社。）
高木訷元，《空海的生涯及其周邊》，吉川弘文館。
高木訷元，《空海的座標》，慶應義塾大學出版會。
靜慈圓著，劉建英、韓異譯，《日本密教與中國文化》，文匯出版社。
金岡秀友，《密教的哲學》，平樂寺書店。
加藤精一，《弘法大師空海傳十三講》，大法輪閣。
栂尾祥瑞編，《弘法大師的教義概觀》，臨川書店。
勝又俊教，《密教入門》，春秋社。
松長有慶，《密教的歷史》，平樂寺書店。
松長有慶，《密教——從印度到日本的傳承》，中公文庫。
添田隆韶，《大師如今還在嗎？》，高野山出版社。

武內孝善，《空海傳的研究》，吉川弘文館。
越智淳仁，《密教概論——空海的教法及其根源》，法藏館。
中橋健，《空海的人生》，「空海的人生」刊行會。
櫛田良洪，《空海的研究》，山喜房佛書林。

國家圖書館出版品預行編目（CIP）資料

空海大師：即身成佛／釋宏濤編撰 — 初版
臺北市：經典雜誌，慈濟傳播人文志業基金會，2019.12
400 面；15×21 公分 —（高僧傳）
ISBN 978-986-98029-4-9（精裝）
1. 釋空海 2. 密宗 3. 佛教傳記 4. 日本
226.939 108018996

空海大師——即身成佛

創 辦 人／釋證嚴

編 撰 者／釋宏濤
主編暨責任編輯／賴志銘
行政編輯／涂慶鐘
美術指導／邱宇陞
插圖繪者／林國新
校對志工／林旭初

發 行 人／王端正
合心精進長／姚仁祿
傳 播 長／王志宏
平面內容創作中心總監／王慧萍

內頁排版／尚璟設計整合行銷有限公司
出 版 者／經典雜誌
慈濟傳播人文志業基金會
112019臺北市北投區立德路2號
客服專線／（02）28989991
傳真專線／（02）28989993
劃撥帳號／19924552 戶名／經典雜誌
印 製／新豪華製版印刷股份有限公司
經 商 商／聯合發行股份有限公司
231028新北市新店區寶橋路235巷6弄6號2樓
（02）29178022
出版日期／2019年12月初版一刷
2021年12月初版四刷
定 價／新臺幣380元